発達に遅れがある
子どものための
お金の学習

川間 健之介・川間 弘子・奥 由香　著

ジアース教育新社

はじめに

　生活に根ざす指導として、まず思いつくのは、お金の学習と時計の学習です。あと数年で卒業だからと慌てて授業に取り入れるかもしれません。でも、基本的に数的な力が育っていないと、身に付きません。

　では、お金の学習に入る準備段階として、どのような力が育っていることが必要なのでしょうか。また、お金の学習で、どのような数的な力が身に付くのでしょうか。

　認定 NPO 法人やまぐち発達臨床支援センターでは、お子さんの学習指導と、定期的にさまざまな指導法の研修会を行っています。そして、直接指導や研修を受けに来られない方のために、2017 年に、「お金の指導」「時計の指導」「文字・文章の指導」「特殊音節の指導」「算数の指導」「かけざんの指導」など複数の指導法と教材をセットにして提供する「虹とおひさま」を立ち上げました。2020 年 4 月からは、これらの内容を、教材を活用しながら、演習方式のオンラインセミナーを始めました。

　お金の学習と一言で言っても、とても広く深い内容です。お金には次の役割があります。

1. **品物やサービスと交換（交換機能）**
2. **いつまでも保存でき、必要なときに使える（貯蔵機能）**
3. **品物やサービスの値段や価値を示することができる（価値尺度機能）**

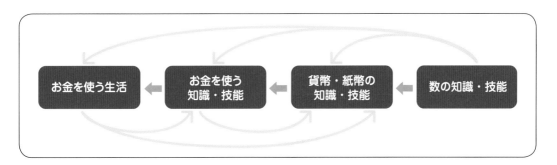

　金銭のやりとりだけでなくショッピングカードの利用、クレジット決済等のさまざまな払い方や割引きの理解、預貯金、家計簿のつけ方もお金の学習です。

　この本では、お金の学習の前の段階であり基本である数の基礎概念から、持っているお金で買えるかどうかの判断をしながら、お財布の中から必要額が出せるまでの過程に絞り、取り上げたいと思います。

　いつも買ってもらうばかりでなく、持っているお金で好きなものを選んで買うことができ、生活が豊かで楽しくなるお子さんが増えることを願っています。

川間 健之介

Contents

はじめに

第1章　お金の学習に入る前の準備段階

Ⅰ　数と計算の指導の系統性と数の基礎概念の指導 ················· 8
1. 数と計算の指導の系統性 ················· 8
2. 数の基礎概念の指導 ················· 9

Ⅱ　数概念とは ················· 13
1. 数の保存 ················· 13
2. 序数と基数との関係の理解 ················· 14
3. 全体と部分の関係の理解 ················· 14

Ⅲ　数えるとは ················· 15
1. 数唱の発達 ················· 15
2. 計数 ················· 16
3. 数える指導の実際 ················· 17

◇紙わざシリーズ◇
　1つずつ目と声と指（手）を対応させるための教材を作ろう ················· 25

　数える教材①　10（テン）まど ················· 25
　数える教材②　でるでる10（テン） ················· 26

Ⅳ　3ケタ4ケタの数字を読み分ける ················· 28
1. 読み分けの難しさ ················· 28
2. 読み分ける学習 ················· 28

◇紙わざシリーズ◇　百・千を読み分けるための教材を作ろう ················· 30
　数える教材①　めくり教材（4ケタ） ················· 30
　数える教材②　よみわけよう ················· 31

◇紙わざシリーズ◇　百・千を分類するための教材を作ろう ················· 34

Ⅴ　数の三項関係とお金の三項関係 ················· 37
1. 数の三項関係 ················· 37
2. お金の学習における三項関係 ················· 39

第2章　お金の学習指導法

Ⅰ　硬貨の弁別 ·· 42
　1.　見分ける（分類的弁別） ·· 43
　2.　見比べる（認識的弁別） ·· 45

　◇紙わざシリーズ◇　ならべよう４ケタ ································ 47

Ⅱ　必要額を出す ·· 48
　1.　数対象を数えて、数字を書く ··· 49
　2.　呈示板の下に置かれたちょうどのお金から必要額を出す ········· 50
　3.　バラバラに呈示されたちょうどのお金から金種別に必要額を出す ··· 52
　4.　金種別に呈示板の下に呈示された余分数のあるお金から必要額を出す ···· 53
　5.　バラバラに置かれた余分数のあるお金から金種別に必要額を出す ···· 54
　6.　財布から必要額を出す ·· 55

Ⅲ　等価の学習 ～変身させてみよう～ ······························ 57
　1.　10 のかたまりがわかること ··· 57
　2.　10 in 1 を使った学習 ·· 61

　◇紙わざシリーズ◇　10 in 1，5 in 1，2 in 1，1000 ············· 63

　3.　5 in 1 を使った学習 ··· 66

　◇紙わざシリーズ◇　5 in 1 ·· 68

　4.　2 in 1 を使った学習 ··· 71

Ⅳ　いくらあるかな？ ～等価を使って、いくらあるのかがわかる～ ··········· 77
　1.　10 in 1 を使って、100 円 1 個と 10 円 6 個、1 円 10 個を
　　　まとめてみよう（等価 1 回） ··· 78
　2.　10 in 1・5 in 1 を使って、10 円 5 個と 50 円、1 円 10 個と 10 円を
　　　まとめてみよう（等価 2 回） ··· 78
　3.　大きいお金をくずしてみよう ·· 79
　4.　2 in 1 を使って、50 円 2 個と 5 円 2 個をまとめてみよう（等価 2 回）··· 80
　5.　50 円 2 個と 10 円 10 個、5 円 2 個と 1 円 10 個をまとめてみよう
　　　（等価 4 回） ··· 81

V 等価を使って必要額を作る ……………………………………………………… 82
1. 数字に対応した金額を作る（余りなし） ……………………………… 82
2. 数字に対応した金額を作る（余りあり） ……………………………… 83

VI 買えるかな …………………………………………………………………………… 85
1. 買えるかどうかの判断をする …………………………………………… 85

◇紙わざシリーズ◇ 「かえるかな」の紙教材を作り、教えてみよう ……………… 87

2. 460円で370円のものを買ってみよう ………………………………… 88

VII おつりの理解 ………………………………………………………………………… 92
1. おつりの概念 ……………………………………………………………… 92
2. おつりの指導例 …………………………………………………………… 92
3. まとめ ……………………………………………………………………… 93

付録　教材 〜「紙わざシリーズ」より〜

1. スライド式数え板／96
2. 固定式数え板／97
3. 10（テン）まど／98
4. でるでる10（テン）①・②／99
5. めくり教材（4ケタ）①〜③／101
6. よみわけよう①（操作ボード）／104
6. よみわけよう②（百・千の位の数字カード）／105
6. よみわけよう③（百の位の数の呈示板）余分量なし／106
6. よみわけよう④（百の位の数の呈示板）余分量あり／107
6. よみわけよう⑤（千の位の数の呈示板）余分量なし／108
6. よみわけよう⑥（千の位の数の呈示板）余分量あり／109
7. ならべよう4ケタ①〜③／110
8. かぞえてみよう①〜⑤／113
8. かぞえてみよう⑥〜⑨／118
8. かぞえてみよう⑩〜⑫／122
9. 等価①（10 in 1, 5 in 1, 2 in 1）／125
9. 等価②・③（10 in 1, 5 in 1, 2 in 1, 1000）／126
9. 等価④（5 in 1）／128
9. 等価⑤（10 in 1と5 in 1と2 in 1のセット）／129
9. 等価⑥・⑦（2 in 1用呈示板）／130
10. かえるかな①・②／131

参考文献・参考サイト
著者プロフィール

第1章

お金の学習に入る前の準備段階

I 数と計算の指導の系統性と 数の基礎概念の指導

1. 数と計算の指導の系統性

　図1は、数の基礎概念から計算の除法に至るまでの指導の流れを示しています。前の段階が十分に定着していないと次の段階に進みにくいのが数や計算の学習の特徴です。たとえば、「3＋4＝」の計算は小学校1年生の内容ですが、そこでは加法の意味を理解し、「＋」や「＝」の用語がわかり、数式の意味がわかり、念頭で数操作して答えを出すことが求められます。この段階の前に、対象物を用いて3個と4個を1から順に7まで数えることができていることが前提です。小学校1年生の1学期には指を用いる子どもは多くいます。しかし、減法、繰り上がりや繰り下がりの学習の頃には、指を用いずに「3＋4＝」を計算できるようになります。この頃にも指を用いていると、答えの誤りが多くなり、その状態で九九に進むとほとんどの場合、計算がわからなくなり、算数ぎらいになります。

　前の段階が定着しなければ次の段階の指導をしてはならないわけではありません。加法計算が定着していなくても減法を指導することもありますし、加減法計算を十分に理解し

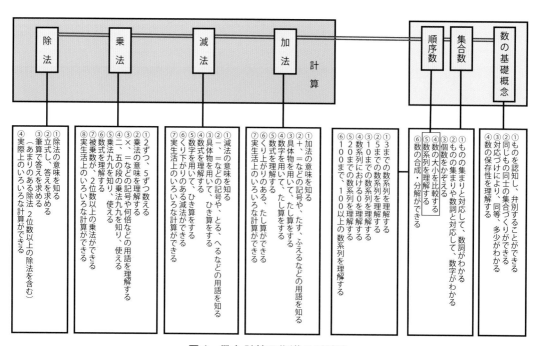

図1　数と計算の指導の系統性
（藤原鴻一郎監修（1997）段階式、発達に遅れがある子どもの算数・数学1、学習研究社を基に作成）

ていなくても乗法を指導することもあります。重要なのは、表面的に「答えが合っている」ということではなく、数や計算の系統性を踏まえて、その子が何をどのように理解しているのかを常に把握しておくことです。

2．数の基礎概念の指導

　数の基礎概念の指導は、次のような順序で進めていくことが一般的です。

（1）ものを認知し、弁別すること

　①色の弁別（赤・青・黄・・・）

　②形の弁別（○・△・□・・・・）

　③「同じ」の概念形成

　　ア．対象物と絵カードの組み合わせによる学習の系統性

　　イ．教材の親和性による学習の系統性

　　ウ．絵カードの種類による学習の系統性

　　エ．対象物や絵カードのもっている要素による難易度

　④用途や性質による弁別

　　ア．単純な弁別　　イ．複雑な弁別

　⑤未測量の理解

　　ア．大小、長短、多少、高低　　イ．大中小

　⑥空間概念の形成

　　ア．方向　　イ．順序　　ウ．定位　　エ．上下　　オ．左右

（2）同じもの同士の集合づくりができる

　①色、形などの単純条件による集合づくり

　②複雑な条件による集合づくり

　③用途や性質などの抽象概念による集合づくり

　④「Ａ」と「Ａでないもの」の類別

（3）対応づけにより、同等・多少がわかる

　①１対１対応ができる

　②１対１対応で余りのないときは、数が同じであることがわかる

　③１対１対応で一方に余り（不足）のあるときは、数が違うことがわかる

　④どちらが多い（少ない）かがわかる

（4）数の保存性を理解する（図２）

　①標準刺激＊のある場合の保存の理解

　②標準刺激のない場合の保存の理解

　　＊標準刺激：もとになる刺激

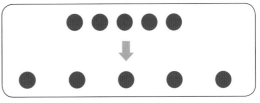

図２　数の保存

（5）生活の中では

①ものを認知し、弁別することができる

　自分の歯ブラシ、コップ、タオル、衣服、帽子、靴がわかる。教室で自分の机、椅子、ロッカーがわかる。衣服の裏表がわかる。靴の左右がわかる。帽子の前後がわかる。自動販売機で、欲しいものに対応したボタンがわかる。信号が示す色の意味がわかる。

②同じもの同士の集合づくり

　給食の際、お皿、フォーク、スプーンをそれぞれ同じもののところに片づける。

③対応づけにより、同等・多少がわかる

　ボタンとボタンホールの対応。給食の配膳の際にトレー、食器、牛乳、パンなどを配膳する。配布物を人に対応して配る。神経衰弱、ババ抜きのようなカードゲームができる。

（6）スモールステップの重要性

　数の基礎概念の指導に関して、大まかな指導の順序を示しましたが、実際の指導にあたっては、さらに細やかにスモールステップを設けて指導することになります。

　形の弁別を例に説明します。形の弁別課題では、〇△□という基本図形を用いて、はめ板に形を入れることが一般的です。どの形から始めるかというと、形の方向に難しさのない〇から行います。

　図3の形の弁別課題の①は、1対1対応です。この次に〇と△から〇を弁別する課題に進みますが、それには②の分類的弁別課題と③の認識的弁別課題があります。一般的には分類的弁別課題は1対1の延長であることから容易であると言えます。いずれにしても重要なことは、形をはめ板に入れることが目的ではなく、分類的弁別課題であれば、形と同じはめ板を、認識的弁別課題では、はめ板（見本）と同じ形（選択肢）を目で見て選択することです。

図3　形の弁別課題

　図4に〇△の認識的弁別課題における正選択肢〇を選択する際の見比べる目の使い方について示しました。このような目の使い方を習得するためには、さらに細やかな指導のステップが必要です。表1は、正選択肢の呈示位置と順序に基づいた指導のステップの例です。

　〇△の弁別において〇が確実に選択できるようになったら、□と△で□、□と〇で□、△と〇で△、△と□で△の弁別課題へと進みます。理由は、〇と△で三角を選ばないことを行った後で選択肢を△にすると、子どもの心理的負担があるからです。また、〇と□の弁別は、角があるかないかの弁別になるため、子どもとしては難しい課題です。

　次に3つの選択肢から1つを選択する認識的弁別課題に進みますが、選択肢の呈示位置等に基づいてスモールステップを考えます。このようにスモールステップを設定することにより、3対3の弁別課題も可能となります。こうした学習を進めることは認識的弁別の力がつくだけではなく、日常生活におけるものの見方、考え方を大きく発達させることになります。こうしたスモールステップの考え方は、「同じ」の概念形成の学習、未測量の理解の学習、空間概念の学習においても同様に考えていくことができます。

　このように学習を考えることで、日々の学習が着実に積み重なっていきます。

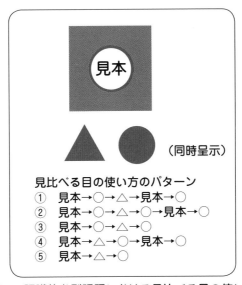

図4　認識的弁別課題における見比べる目の使い方

表1　見比べ選択ができるまでの2選択肢の場合のステップの例

呈示位置・呈示順		
1. 1対1対応		
2. 正選択肢	利き手側	後出し
3. 正選択肢	非利き手側	後出し
4. 正選択肢	利き手側	先出し
5. 正選択肢	非利き手側	先出し
6. 正選択肢	利き手側	誤選択肢と同時出し
7. 正選択肢	非利き手側	誤選択肢と同時出し

形の弁別の指導の手順については、下記QRコードまたはURLから動画でご覧ください。

　見分けでは、〇を１つ持たせて、弁別する〇△が見える状態で、〇△から持っている〇と同じ形を選ぶことができます。しかし、手前に〇と△を置かれて、その向こうにある〇を見て、手前の２つを見比べて形を選択できるためには、向こうにある〇を覚える力が必要となります。記憶の力が育っていることと、はめる〇の枠のみに注意が向き、すぐに利き手側に手を伸ばすのでなく、手前に置かれた２つの選択肢を見比べる目の使い方が必要となります。認識的弁別に至るまでには半年近くかかることもあります。目の使い方がしっかりしてくると、見比べる時間だけゆっくり行動する様子も見られるようになってきます。

II 数概念とは

　数概念とは、数をどのように捉えているのかということです。数には、整数、自然数、実数、素数など、さまざまな側面がありますが、ここでは乳幼児期の数概念について考えてみたいと思います。

　Piaget（ピアジェ）の数概念の研究では、数の保存、序数と基数との関係の理解、全体と部分の関係の理解が重要な指標とされています。

1. 数の保存

　幼児は数を外観で捉え、数の多少を判断します。図5の場合、目の前で配置を変えても多くなったと考えます。このような場合は、数概念は形成されえないと言われています。数の保存性がわかるためには、付け加えたり取り去ったりしていないので数は変わらないという同一性の論理、以前の状態に戻すと元通りの外観になるから数は変わらないという逆換性の論理、ある側面は増えたようでも別の側面は減っているから、結局、数は変わらないという相補性の論理を身に付けなくてはなりません。

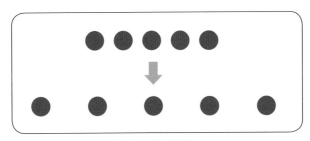

図5　数の保存

　実際の指導で、小さなホワイトボードに、マグネットをバラバラに置いたり、まとめて置いたりしながら、子どもに数えてもらい、同じであることを学習するようにします。

2. 序数と基数との関係の理解

　数えることができる個数などの数量を表すものを基数（集合数）といい、序数はその中の順序・順番（順序数）を表すものです。この両者の関係の理解が難しいことが多いです。たとえば、並んだ4個のタイルを「いち、に、さん、よん」と指差しながら数えたので、「いくつある？」と聞くと「ご」と答えることがあります。タイルの一つひとつに序数（数詞）を対応させることはできるのですが、数え終わった序数が、その集合の基数（量）であることが理解できていないということです。「○番目はどれ？」には答えられても、「いくつある？」には答えられないことがあります。幼児にとって、序数は、全体としての系列の中にしっかり組み込まれているかたい概念になっています。序数の理解は、基数の理解に先行するわけはなく、たとえばスピタイズ（subitizng：目で判断する過程）は乳児も可能であることがわかっており、5歳児を対象とした研究では、3個までのものはパッと見ていくつか答えることができ、4、5と増えるにしたがって解答までの時間が延びていきます。大人でスピタイズ可能な数は5までであると言われています。

3. 全体と部分の関係の理解

　数概念、特に基数の概念が理解されるためには、全体は部分よりも常に多数の要素を含むことが意識されなくてはなりません。Piaget ＆ Szeminska（1941）（栗山，1998）の研究では、子どもに木でできた白いビーズ2個と茶色のビーズを7個示しました。子どもは茶色のビーズの方が白いビーズよりも多いことは理解していますが、木のビーズと茶色のビーズはどちらが多いかという質問には、茶色のビーズと答え、木のビーズと答えることができませんでした。これは茶色のビーズが多いという知覚的優位性が、全てのビーズが木からできていることの理解を妨害するためであると考えられています。

　Piaget以降の研究では、新生児でも2個から3個へのドッツの変化に気付くことや、先に述べた乳児でもスピタイズが可能であること、5か月児でも1＋1といった簡単な計算の結果を正しく予測できることが明らかにされています。数概念の形成は、2歳から8歳にかけて徐々に形成されてくると言われています。

Ⅲ 数えるとは

1. 数唱の発達

　栗山（1998）は、Fuson, Richards & Briars（1982）や Fuson（1988）を引用して、数える行為には、数を口で唱える数唱のスキルとものを数える計数というスキルの2つがあると述べています。その数唱の発達には、数詞の系列の習得と数詞の系列の仕上げという2段階があります。数詞の系列の習得の段階は、1から始まる数を順番に数えます。この段階では、数詞の系列は結合した全体として機能しており、それぞれの数詞は独立して用いることはありません。たとえば1から10まで言えても、数えることとは無関係な段階です。数詞の系列の仕上げの段階になると、系列内のそれぞれの数詞が区別され、数えられるようになるのですが、これには次の5段階があります。

　第1は、糸状段階とよばれ、数詞の系列を習得しても、最初の機能は単一の全体構造として機能するだけです。個々の数詞は全体の1つの系列であり別々の数詞がつながっているようにようにしか言えず、またある数は1多いとか1少ないということは全く理解できていない段階です。そのため、数詞は思考の対象にはならず、単なる数詞の機械的記憶にしか過ぎない段階です。

　第2は、分割できない数詞の系列段階です。この段階では、1からある数までの上昇系列の数唱がある程度できるようになります。しかし、まだ数の系列は全体として理解されており、部分に分割することはできません。このように数の分割はできませんが、数は思考の対象となってきており、数の規則性も理解しています。この段階では下降系列の数唱は困難ですが、1から順番にある数まで数える count-all とよばれる方略を用いて、たし算やひき算を行うことが可能になります。

　第3は、数詞の系列の分割（breakable chain）の段階です。この段階では、1からある数aまでの上昇系列の数唱が精巧になるだけでなく、ある数aから別な数bまでの数唱も可能になります。ある数aから別な数bまで数える方略は count-on 方略と呼ばれています。こうした方略は数える方略としてかなり効率的です。なお、こうした数唱が可能になるには、数唱をどこで始めてどこで終えるかについての情報を記憶に留めておくという短期記憶の容量がある程度必要になります（Case, Kurland & Daneman, 1979）。Count-on 方略が可能になると、かなり効率的なたし算ができるようになっていきます。

　第4は、数詞の抽象化の段階です。この段階では、数詞の系列を別々の独立した数とし

て理解するようになります。また、短期記憶の容量が増加しているので、ある数 a から n だけ上昇方向に数えることや、ある数 a からある数 b にかけてどれだけの数があるかを、数えるといったこともできるようになります。こうしたことができるためには、数えながら、数えた数がいくつであるかを記憶に保持しておく過程（keeping track）が必要になってきます。そして、数えた数がいくつであるかを保持しておくために、頭の中に数直線を形成した心的数直線（mental number line）を用いるようになります。この段階の数唱は、年長児から小学 1 年生の子どもにおいて可能になってきます。

　第 5 は、数の基本的理解の段階です。この段階では、数詞を上昇方向からでも下降方向からでも、容易に言えるようになり、方向を変化させることも柔軟にできるようになります。また、数詞の分割も自由にできるようになり、たし算やひき算も、数詞を子ども自身が理解しやすいように分割して行うようになります。この段階は、就学後数年を経過してからです。

2. 計数

　ものを数える計数について、1 歳半前後の子どもでは、直線上に並ぶものに興味を示し指差し行動をとり、2 歳前後では、身近なものを直線に一定間隔で並べるようになり、3 歳前後では、獲得しつつある数の範囲で集合数と数唱の 1 対 1 対応が可能になります（中沢，1981）。栗山（1998）は、Gelman & Galistel（1978）による計数の 5 つの原理について述べています。

　①1 対 1 対応：1 つのものに数の名前を 1 つだけ割り当てる原理。数を理解するための最も本質的なもの。

　②安定した順序：用いられる数詞が常に同じ順序で配列される原理。

　③基数性：あるものの集合を数えた場合に、最後の数がその集合の数の大きさを示すという原理。この原理を用いることにより、ある集合にどれほどのものが含まれているかを計数により決めることができる。

　④順序無関連：数える順序は関係がないこと。ものの集合を左から数えようと真ん中から数えようと全体の集合の個数には変化がないという原理。

　⑤抽象性：数えるものが何であろうと全く関係がないという原理。

　Gelman & Galistel（1978）は、①1 対 1 対応については 2 歳児で、②安定した順序については 3 歳児で、③基数性については 2 歳児で、④順序無関連についてはほぼ 4 歳児で、⑤抽象性については 3 歳児で、既に自発的に獲得していることを見いだしました。このように、2 歳児でもこれらの原理のいくつかをもっており、3 歳児では 4 つの原理についてはほぼ理解していると考えられます。Briars & Sicgler（1984）は、実際に正しくものを数えることができなかった子どもが、計数の原理を理解していないということから、計

16

数技能を習得した後に計数の原理を理解するのではないかと述べています。

　計数の解説は、動画でご覧いただけます。

計　数

動画で
チェック
▶

https://youtu.be/c4TAgwdIBQU

3.　数える指導の実際

　数える活動は、数える対象を目で捉えたり、手で触ったりして、その対象の１つずつに数詞を対応させていくことです。たとえば、図６のように丸が横に５個並んでいる場合に一番左の丸を見て、指で差し、「いち」と声を出します。そして、となりの丸に視線が移り、指もとなりの丸に移り、「に」と声に出します。目と指と声が同期して数えていきます。このような力をつけていくためには、指導の順序やステップを詳細に検討していかなくてはなりません。宮城（2015）の『障害がある子どもの数の基礎学習：量の理解から繰り下がりの計算まで』が参考になります。以下、宮城（2015）を参考に、数えるための教材の使い方や意義について述べていきます。

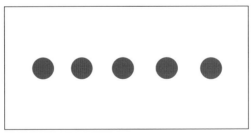

図 6　数えやすい置き方

数える Step

①タイルをスライドしながら目と手と声を対応させる

②ものを入れながら数える

③固定されたものを数える

④ 10 のかたまりを数える

（1） スライド式数え板（スライディングカウンター）

　写真1のようなタイルをスライドさせて数える教材です。タイルが5個のものや10個のものを作成することが多いです。最初は、タイルを子どもの右側に寄せておき、子どもの指で1つずつ左に動かしていきます。そのときタイルをしっかりと見て、指を動かしながら数詞を言います。数詞を数える対象と同期して言えない場合には有効な教材です。

　子どもは、右から左へタイルを移動させます。左側に移動させたときに、数詞を唱えます。

写真1　スライディングカウンター

スライディングカウンターを使用した指導法は、動画をご覧ください。

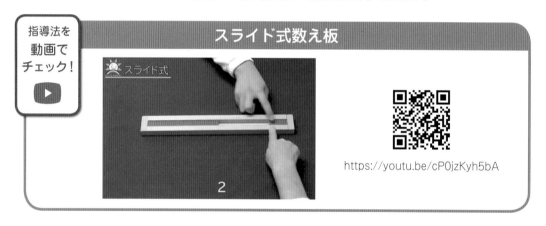

https://youtu.be/cP0jzKyh5bA

　スライディングカウンターがなくても、紙で作成したもので代用することができます（図7：「紙わざシリーズ」）。教材の型紙は、「虹とおひさま」のホームページ（https://nijitoohisama.com/money-pattern/）からダウンロードできるほか、巻末付録「教材」には縮小版を掲載（P.96）しています。型紙はA4判で印刷してご利用ください。紙の上に硬貨やおはじきなどを置いて指導します。

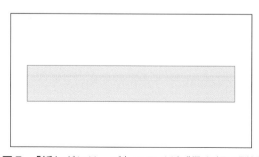

図7　「紙わざシリーズ」スライド式数え板の型紙

(2) 固定式数え板

　固定したタイルを数える教材です。固定式数え板は何種類かあります。写真2・3は10個のものですが、5個のものもよく使います。先のスライド式数え板のときと同じで、最初は先生が数えるのを見て、それから先生と一緒に数えます。後の数の指導を考えると左から右に数えていく方がよいでしょう。子どもはどのように数えてよいかわからないので、次のようなプロンプトを行います。数えるべき対象のタイルを指差し、子どもの指をタイルに導き、子どもの目がタイルを捉えていることを確認し、数詞を言います。こうしたプロンプトが徐々に減っていき、子どもはタイルを見て、指差して、数詞を声に出して数えることができるようになります。子どもが10まで数えたら、「よくできました」とほめるのですが、「10あったね」と個数を確認するようにします。まだ序数（順序数）の段階ですが、基数（集合数）につながるようにします。

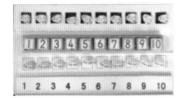

写真2　手作り教材　貼れるパネル等で作っています

写真3　いくつかな10

　固定式数え板の型紙（図8：P.97参照）を利用した指導法は、動画をご覧ください。

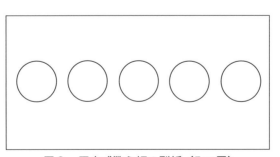

図8　固定式数え板の型紙（5つ用）

指導法を動画でチェック！

固定式数え板

https://youtu.be/3S_B8xUFcS0

（3）1対1対応式数え板

　スライド式数え板や固定式数え板で数えることができるようになったら、写真4のような1対1対応式数え板で数えます。それぞれの容器に順番に入れながら数える教材です。入れるものはマグネットや小さなボールなどです。入れ方は、たとえば先生が子どもの前にマグネット1個呈示し、入れるべき容器をポインティングします。そして一緒に「いち」と言いながらマグネットを入れさせます。また、マグネットを1個呈示し、「に」と言いながら入れます。5個入れたら、固定式数え板の場合と同様に左から数えます。徐々に支援を減らしていき、5個のマグネットが呈示された場合も、左の皿から「いち、に・・・・」と言いながら入れるようにします。入れたり出したりする操作を伴いながら数えることは難しいので、5個から行います。

写真4　1対1対応式数え板

　5個の対象物を数えることばのかけ方や手の添え方、一人で数えられるようになるまでの指導法は、動画をご覧ください。

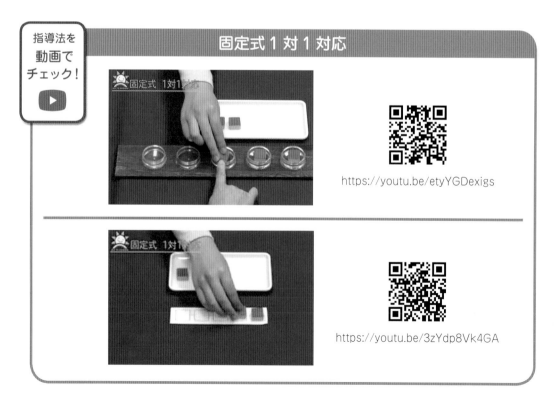

指導法を動画でチェック！

固定式1対1対応

https://youtu.be/etyYGDexigs

https://youtu.be/3zYdp8Vk4GA

（4）数えながら入れる・出す

　複数のタイルなどを別の容器に数えながら入れたり、逆に容器から数えながら出したりします。たとえば、タイルが5個あり、それを容器に数えながら入れさせます。そして先生は「いくつありましたか？」と聞いて、「ご」と子どもが答えることが重要です。数えることによって基数（集合数）を理解していきます。

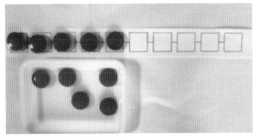 

写真5　固定式数え板

　写真3で使用したもの、「紙わざシリーズ」で作ったものを活用しながら行います。
　タイルを数えながら固定式数え板に1つずつ入れる指導法は、動画をご覧ください。

指導法を
動画で
チェック！

固定式の数え方

https://youtu.be/NTbZYtgrx1c

（5）数系列板

　数系列板は写真6のような教材です。この教材では下に数字が書いてあります。数字が読める子どもは読ませても構いませんが、数字が読めなくても構いません。右の5までの数系列板で説明すると、左からタイルを置いて、「1」、「1・2」、「1・2・3」、「1・2・3・4」、「1・2・3・4・5」と数えます。すなわち、量を数える（集合数の）学習です。この「量を数える学習」が、量概念の基礎的な力を育てます。この数系列板は、左の5までの数系列板のようにタイルを入れるところが数字の量だけ枠になっているものから、右の5までの数系列板のように枠がないものまでさまざまあります。宮城（2015）では、5までの数系列板について10のステップを説明しています。

写真6　数系列板（枠あり・枠なし）

指導法を
動画で
チェック！
▶

数系列板（枠あり・枠なし）

https://youtu.be/QC4ZxsSIMGE

(6) 数図（ドッツや絵）を数える

　ここまで、基本的には左から右へ順番に並んでいるものを数えました。次はいろいろな配置であっても数えることが求められます。5まで数える場合もさまざまなステップを考えることができます。まず、3まで数えます。次に4、そして5まで数えます。最終的には5までの数は、指を使ったり声を出さないで目だけで数えられるようになってほしいです。

　図9にいくつかのパターンを示しました。横一直線に等間隔に並んだものがもっとも数えやすく、ランダムな配置は数えにくくなります。数えるという行為は、同じものを2度数えないことが重要です。すなわち、数え終わったものを覚えておかなくてはなりません。一直線に並んだものは覚えておく必要がないので容易です。ランダムなものは2度数えが生じやすいです。先に述べたように、パッと見て把握できる数は3なので、そこから、4、5と数えられるとよいのですが、脳性まひ児や二分脊椎症児の中には、目だけで数を把握することに困難を示すことがあります。数えることが視知覚の能力に制約されますので、数えながら対象に印をつけたり、どうやったら自分にとって数えやすいかという方略も身に付けていってほしいです。

　5まで数えることができたら、6、7、8、9、10まで数える学習を行います。このとき、ドッツが横1列に並んでいるより、1列目にドッツが5あり、6からは2列目に並んでいる方が間違えにくく、子どもの心理的負担は少なくなります（図10）。5のかたまりを意

識できると 10 までの理解もしやすくなります。ただし、1 列目の右端の 5 から 2 列目の左端の 6 にスムーズに視線を移動させることが難しい場合もあります。固定式数え板で 5 までの数が 2 列になった教材で学習をしておくとスムーズに進みます。

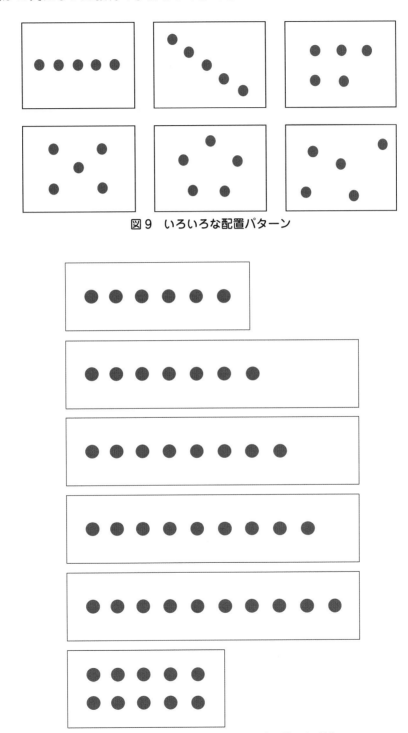

図 9　いろいろな配置パターン

図 10　横 1 列に並べた場合と 2 列に並べた場合

数概念が形成されていくためには、数えるという学習が大変重要です。数える対象を目で捉えて、手や指を動かして、数詞を言いながら数える段階から、手や指を使わないで目で見て数詞を言う段階へ、さらに黙って目だけで数える段階へ進んでいきます。また、数えた数が、その集合の数（基数）であることの理解が重要です。

　この本ではあまり触れていませんが、実際に指導を行う際には、数えることが楽しい、あるいは数えることが子どもにとって意味のある活動であることが、学習が進む条件として重要です。好きなものを数えたり、パッと見ての量の多少を数えてみることで確かめたり、数える必然性が子どもにとって感じられる学習を心がけてください。

　対象物（個数）を数えるということは、対象を認知すること、数詞と個数を1対1対応させながら数えること、対象物・数図（ドッツや絵）が直感的にいくつあるかわかる、動くものや消えるものを置き換えて数える、2ずつ・5ずつ・10ずつまとめて数えることです。

導入期の指導：個数を数える

①対象をはっきりとつかめる

②数詞と、1対1対応しながら数える

③対象物、数図を直感的に捉えて数える（とりあえず5までくらい）

④動くもの、すぐ消えるものなどは他に置き換えて数える

⑤2ずつ、5ずつ、10ずつまとめて数える

　「いち、に、さん・・・」と数えてもらいましょう。目と指先と声が同じものを指していますか？数えることば（数詞）は、対象物を見ながら数える前に覚えます。たとえば、「おふろで『いち、に、さん・・・』と10まで数えたらあがろうね」、「10まで数えるまで待っててね」など、対象物を数えなくても使う機会はあります。まず、数を数えることばがあることを知るのです。次に、対象物に「いち」「に」と対応させながら、ものを数えることを行います。そして、数字を見ながら「いち」「に」と数字にことばがあることを理解しながら、数字を読むことができるようになっていきます。

　ひなちゃんは数詞を10まで唱えることができました。「よし！次はものを数えるようになることだ！」とタイルを横に10個並べ、左から順に数えるように伝えました。しかし、どうしても声の方が早くなります。10までの数詞は唱えられるようになったけれど、対象物にことばを付けていくことは、とても大変なことなのです。数えるということは、視線を移動しながら対象物を見る力も必要です。数の学習の前に行うペグさしの学習により、左から順にペグを差しながら、視線を移動することを獲得しています。

　次に、ことばと視線がずれてしまう子どもたちの支援教材を紹介します。数えるために、なめらかに視線を移動できることも目的としています。

1つずつ目と声と指（手）を対応させるための教材を作ろう

　型紙を活用した教材の作り方とその指導法を動画で紹介します。型紙はA4判で使用します。「虹とおひさま」のホームページ（https://nijitoohisama.com/money-pattern/）からPDFファイルをダウンロードし、印刷すると便利です。

数える教材①　　**10（テン）まど**　　　　型紙：P.98

　子どもが好きな絵やシールを用紙の中央部の窓に貼ります（10個×2列：下図の赤丸の部分）。用紙を両面から折りたたんで絵やシールを隠します。子どもと先生が一緒に「いち」「に」・・・と声を添えてめくっていきます。

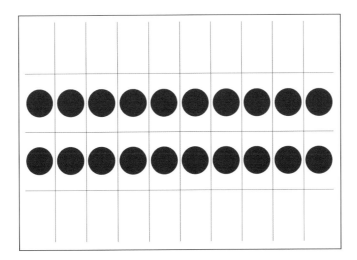

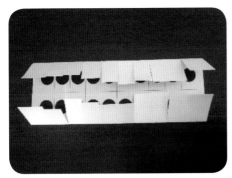
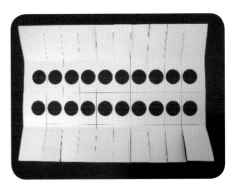

写真7　10（テン）まど

「10（テン）まど」の作り方と指導法

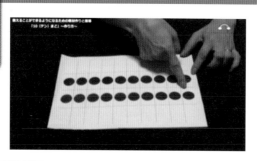

https://youtu.be/YQChpQu5SP4

数える教材② でるでる 10（テン） 型紙：P.99-100

長い長方形の棒状の紙に、子どもが好きな絵やシールを 10 個、少し間隔を空けて貼っておき、厚紙で作った筒の中にしのばせておきます。子どもの数える声に合わせて、先生は絵やシールを 1 つずつ出します。

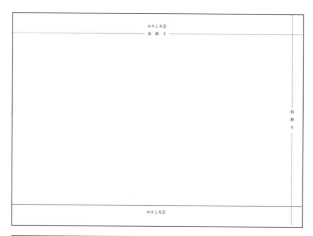

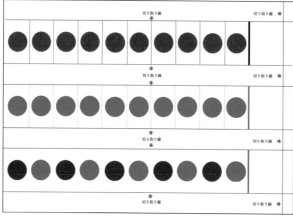

写真 8　でるでる 10（テン）

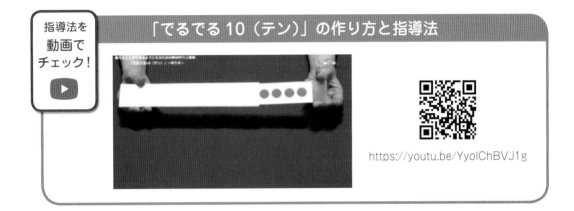

Ⅳ 3ケタ4ケタの数字を読み分ける

1. 読み分けの難しさ

　小学校1年生で100までの数の学習を行います。小学校2年生で1000までの学習を行います。昨日、小学校2年生のあっくんと3ケタのたし算・ひき算の計算問題を行いました。計算はスラスラと解けました。しかし、「答えを言ってね」で、「さんひゃく　にじゅう　いち」と言っていました。「300（さんびゃく）、600（ろっぴゃく）、800（はっぴゃく）」の読み方があることを伝えました。百の位の読みには「ひゃく」「びゃく」「ぴゃく」があり、千の位の読みには「せん」「ぜん」の読み方があります。読み分ける学習は、計算の学習と分けながら行いました。

2. 読み分ける学習

　子どもがハッとする表情が見たいために、教材を開発しています。教え込まれるのでなく、気付くことで定着していくと考えます。

（1）百の位、千の位の読み分けができるために

> **指導の手順**
>
> ①「めくり教材（4ケタ）」（P.30-31参照）の一の位、十の位は0を出しておき、百の位だけめくりながら読む。
> 　　100は、「いっぴゃく」と読む可能性があるため、200から読み、最後に100を読む。
> 　　・先生が一拍早く読む
> 　　・一緒に読む
> 　　・先生が子どもの声に添えるように読む
> 　　・子どもが一人で読む
> ②「よみわけよう」の教材の一の位、十の位にボードマーカーで0を書いておく。百の位に2から順に書いていき、①と同じ手順でことばかけを行いながら指導する。

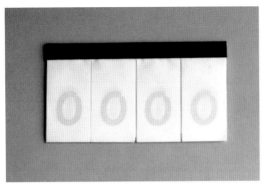

写真9　めくり教材「かぞえよう（4ケタ）」

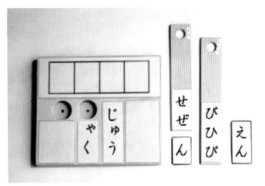

写真10　「よみわけよう」

百・千を読み分けるための教材を作ろう

数える教材① **めくり教材（4ケタ）** 型紙：P.101-103

　百の位、千の位の読み分けができるようになるために、「紙わざシリーズ」の「めくり
教材（4ケタ）」と「よみわけよう（4ケタ）」の作り方と、それを活用した指導法を紹介
します。

写真11　めくり教材（4ケタ）

「かぞえよう４ケタ」の作り方

作り方を
動画で
チェック！

https://youtu.be/AghFGbElrb0

かぞえよう３ケタ・４ケタ

指導法を
動画で
チェック！

https://youtu.be/25M9O0108qE

数える教材② よみわけよう

型紙：P.104

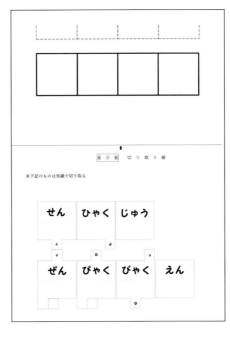

操作ボード

31

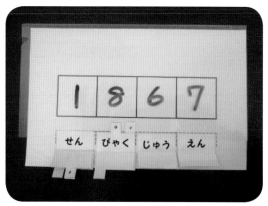

写真12　よみわけよう

指導法を
動画で
チェック！
▶

「よみわけよう」作り方と指導法

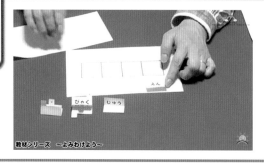

教材シリーズ　〜よみわけよう〜

https://youtu.be/Pk2YKQ8Eqqk

指導法を
動画で
チェック！
▶

よみわけよう3ケタ・よみわけよう4ケタ

よみわけよう3ケタ

https://youtu.be/5LnF9Ab0C0k

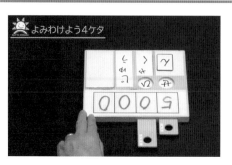

よみわけよう4ケタ

https://youtu.be/kF_4GuSqli0

(2) 百の位、千の位の読みを分類する

①百の位を読みながら、呈示板に分類する。

②千の位を読みながら、呈示板に分類する。

指導法（読み方の指導のための仲間分け）

① 100 の数字カードを子どもに呈示し、「ひゃく」とことばをかけ、子どもは呈示板の「ひゃく」のマスに数字カードを置く。100 は「いっぴゃく」と言い間違えるので、先生が一拍早くことばをかける。(200、400、500、700、900 も同様に行う)

②余分量がない呈示板に、「びゃく」の読み方の「さんびゃく」を読み、子どもが「びゃく」の呈示板に数字カードを置いていく。

③余分量がない呈示板に、「ぴゃく」の読み方の「ろっぴゃく・はっぴゃく」を読み、子どもが「ぴゃく」の呈示板に数字カードを置いていく。

④余分量がない呈示板に「ひゃく」のカードを読み、子どもが「ひゃく」の呈示板に数字カードを置いていく。

⑤余分量のない呈示板に 100 から順に数字カードを置いていく。

⑥余分量のある呈示板に、100 から順に数字カードを置いていく。子どもが迷ったり間違えそうになったりしたときには、置く前に正しい方を教える。

⑦「せん」も同様に行う。「1000」は「いっせん」と言うこともあるため、先生のことばかけを早く行う。

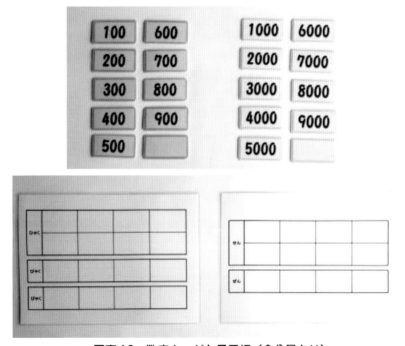

写真13　数字カードと呈示板（余分量あり）

百・千を分類するための教材を作ろう

　前頁で紹介した百の位、千の位の読み分けができるようになるために、型紙 (P.105-109) を活用した指導法を動画で紹介します。

100	200	300	400	500
600	700	800	900	
1000	2000	3000	4000	5000
6000	7000	8000	9000	

数字カード

指導法を
動画で
チェック！
▶

「よみわけよう」～呈示板と数字カード～の作り方と指導法

https://youtu.be/VpCB7B-36ZU

　最初は余分量なしの呈示板を使います。十分できるようになってから、余分量のある呈示板で行います。

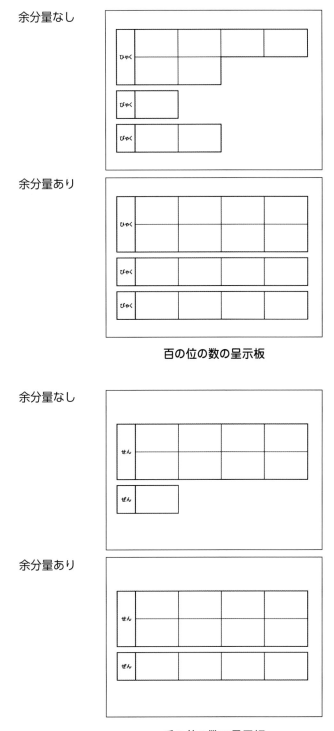

百の位の数の呈示板

千の位の数の呈示板

3ケタの読みの仲間分け（余分量なし・あり）

指導法を
動画で
チェック！
▶

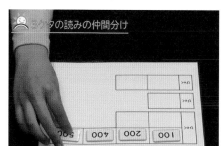

https://youtu.be/FbB9EdPxEp8

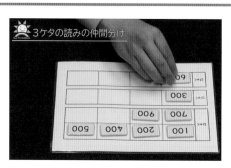

https://youtu.be/PAqH79zSb5Y

4ケタの読みの仲間分け（余分量なし・あり）

指導法を
動画で
チェック！
▶

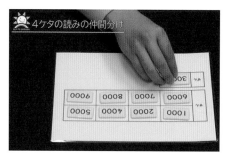

https://youtu.be/HZvthOYUT14

https://youtu.be/E4Keq8CXJ8I

V 数の三項関係とお金の三項関係

1. 数の三項関係

『3がわかる』と前午度の引継ぎ書に書いてあったら、どんな子どもの姿を想像しますか。

・3の数字がわかる

・3まで数えられる

書いた人と読み取る人の子ども像が異なるとしたら、引継ぎ書の役割は果たせませんよね。

「3がわかる」ということは、どういうことでしょうか。

数対象（対象物や書かれたドッツや絵）と数字、数詞（唱えることば）の3つの関係を数の三項関係と言います（図11）。

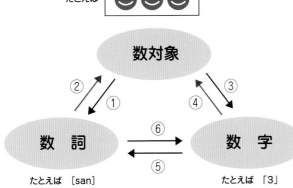

数の三項関係

たとえば ☺☺☺

数対象

② ① ④ ③

数 詞 ⑥ **数 字**
⑤

たとえば ［san］　　　たとえば「3」

①数詞を用いて数対象を数える。
②言われた数詞どおりの数対象を取る。
③数対象の個数を数えて数字を選択する。あるいは書く。
④書かれた数字どおりの数対象を取る。
⑤書かれた数字を読む。
⑥言われた数詞に対応する数字を選択する。あるいは書く。

数概念の形成の基盤となる4つの能力

1. 個 別 化：未分化の状態で漠然と捉えている対象を個々のものとして認知し始める能力。
2. 類　　別：対象となるものを弁別し、同一条件の対象同士を集めて集合づくりをする能力。
3. 同 等 性：2つの集合を1対1対応で比べ、その数の同等・多少を見分ける働き。
4. 数の保存：一度把握された数が、対象の位置・形状などを変えてもその数は普遍であることを知る能力。

図11　数の三項関係

数の三項関係

https://youtu.be/2WJ0rvF5f8A

（1）数対象と数詞の関係

　まず、対象となるものや書かれているドッツや絵に「いち、に・・・」とことばを添えます。ものを数えるということです。数えるということは、ものを見て、声を添えることです。また、複数の対象となるものやドッツや絵を見て、いくつか即座に数詞を言える子どももいます。しかし、まだ、視線がものに同定できない子どもたちは、指を使い、視線をものに同定し、視線と指を移動しながら数えています。

　数詞は数えることばだけでなく、1番2番と順番を表したり、「10数えたら、お風呂から出ようね」のように、時間を表すこともあります。ものを数える前に、「いち、に・・・」とことばを覚えます。そして、ものに対応させながら数えることを覚えていきます。

　数詞と数対象の関係では、「ここから3こちょうだい」のように、唱えられたことばだけ、ものを操作できることです。これは、頭に「3」を覚えておきながら操作しなければいけないため、ものを数えることよりも、かなり難しいと考えます。操作するうちに、いくつ置いたかを忘れてしまい、全部渡す子どもたちもいます。

（2）数詞と数字の関係

　数詞と数字の関係は「さん、どれ？」と聞かれて、複数の数字の中から指示された数字が選択できることです。数字と数詞の関係は、「3」を見て、「さん」と読めることです。

（3）数対象と数字の関係

　数対象と数字の関係は、ものや書かれている絵を数えて、数字と対応できることです。数字と数対象の関係は、数字の量だけ操作できることです。これも数詞と数対象の関係と同様、数字を見て、数字を頭に置きながら、ものを操作しなければならないため、記憶の力が育っていないと、とても難しいことになります。

　数の三項関係で、数詞と数対象の関係、数字と数対象の関係は、序数概念だけでなく量概念の学習になると考えます。

　これら、数の三項関係が成立してはじめて「3がわかる」ということになります。

2. お金の学習における三項関係

数の三項関係を、お金の学習に置き換えてみます（図12）。

（1）数対象と数詞の関係

数対象と数詞の関係は、お金を数えることができること、まとまりの数がいくつかがわかることです。硬貨、紙幣はそれぞれ数え方が異なります。それぞれの金種の違いがわかり、金種に応じた数詞で数えます。

数詞と数対象の関係は、たとえば「30円ちょうだい」と言われて、10円10個の中から3個だけ渡せることです。これは、渡す30円を10円ずつ出している間、ずっと30円ということを覚えていなければなりません。記憶し続けられない子どもたちや操作することに注意が向いている子どもたちは、あるだけ全部渡してしまうこともあります。また、さまざまな金種を組み合わせながら、指示された金額を出すことも含まれます。等価の理解も必要となります。

（2）数詞と数字の関係

数詞と数字の関係は「さんじゅう　どれ？」と聞かれ、複数の数字の中から指示された数字が選択できることです。数字と数詞の関係は「30」を見て、「さんじゅう」と読めることです。ここでの難しさは、百の位、千の位の読み方です。百の位は「ひゃく」「びゃく」「ぴゃく」と、数字によって読み方が異なります。また、千の位も「せん」「ぜん」と読み分けます。

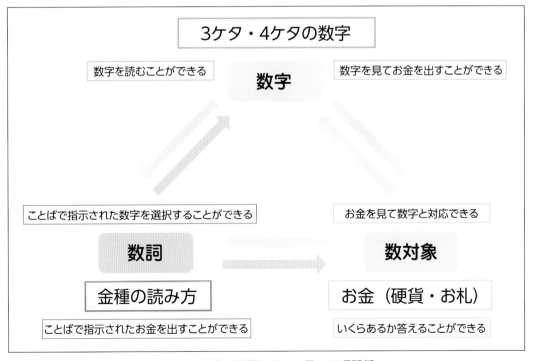

図12　お金の学習における数の三項関係

（3）数対象と数字の関係

　数対象と数字の関係は、お金を数え、数字と対応できることです。さまざまな金種がある場合、組み合わせながら、いくらあるかを答えるため、等価の理解も必要です。数字と数対象の関係も、複数の金種を組み合わせながら必要額を出すため、等価の理解も必要ですが、指示された数字を覚えておかなければならないため、記憶し続けておく力も必要となります。

第 2 章　お金の学習指導法

I 硬貨の弁別

　数の基礎概念でもお話ししたように、ものを認識する力が必要です。金種が弁別できること、そして複数のお金を数えることができることです。硬貨でも、1円、10円、100円の大きさは異なります。お金の価値に応じて大きさが異なればよいのですが、50円は10円よりも小さかったりと、硬貨の大きさでお金の価値を測ることは難しいです。

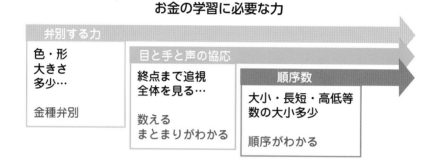

図13　お金の学習に必要な力

　1円と100円の色は似ています。ここでは、同じ丸い硬貨でも、色や大きさが異なる硬貨があることを教えていきます。硬貨を弁別するためには、色、大きさを弁別する力が必要です。

　硬貨の弁別の学習においても、1個の硬貨と複数の硬貨を対応させながら、同じものと対応させる分類的弁別から、複数の硬貨から選択する認識的弁別ができるように、指導のステップを考えていくことが大切です（図13）。

1．見分ける（分類的弁別）

　1 個ずつ呈示板に見本を入れておき、子どもにお金を 100 円・10 円・1 円の順に 1 個ずつ渡し、百・十・一から同じ金種のところに置きます（図 14）。

　形の見分け・見比べの指導順序から考え、3 個を同時に見比べるよりも、1 個を 3 種類から見分けた方がわかりやすいと考えます。

　100 円・1 円は、大きさは異なりますが、同じ色なので見分けが難しいと考えます。

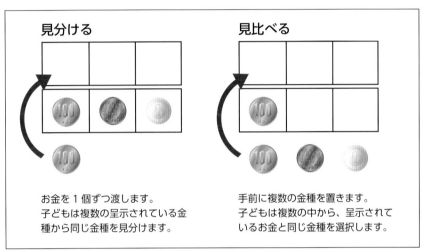

図 14　見分けると見比べる

Step を考えてみよう

見本を見て弁別する　　見分け　➡　見比べ

1 対 1 から 1 つ渡し見分ける　➡　見本を見て複数から選択する

Step1　1 対 1 対応

Step2　1 個ずつ渡し、見分けて置く

Step3　見本を呈示し、複数から見比べて置く

Step4　見本と複数の硬貨を呈示し、見比べながら置く

Step5　見本なしで複数の硬貨を見比べて置く

100円・10円・1円の1対1対応

金種の名前を言いながら呈示板にお金を置き、次に、子どもにお金を1個ずつ渡し、金種の名前を言いながら同じ金種の下に置きます。

①見本100円を先生が置き、子どもが置く
②見本10円を先生が置き、子どもが置く
③見本1円を先生が置き、子どもが置く

Check!

お金を渡したときの子どもの視線の先を見ます！

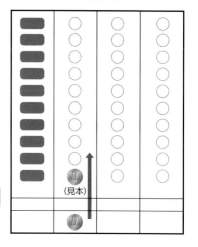

どの指導も同様で、子どもの視線を見て、視線の先を見ると次の動作が予想できます。違う方を見ていたら、置く前に正しい方に導いてください。

Step2 100円・10円・1円を見分けて置く

先生は、金種の名前を言いながら、1個ずつ子どもにお金を渡し、見本と同じ金種の下にお金を置きます。

①見本の100円・10円・1円を置いておく
②見本の下に同じ金種のお金を置く
③子どもは、見本と同じ金種の上にお金を置く

Check!

お金を渡したときの子どもの視線の先を見ます！

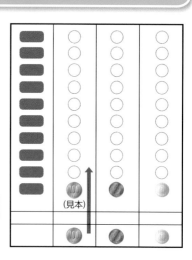

それができるようになったら…

①見本の100円・10円・1円を置いておく
②お金を1個ずつ渡し、子どもは同じ金種の上に置く

2.　見比べる（認識的弁別）

Step3　100 円・10 円・1 円の見本を見て、複数から見比べて置く

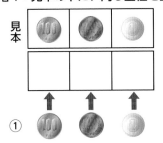

段階 1：見本の下に、同じ金種を置く

段階 2：見本の下に、異なる金種を置く

見本

①

②
③
④
⑤
⑥

　子ども側から見るとします。段階 1 は、見本の下に同じ硬貨を置きます。

　段階 2 は、利き手が右手の場合、Step を考えると、上から順になります。見本の下に同じ金種の硬貨を置き、見分けるところから始め、次は見本の下に呈示する位置を変えます。

（利き手を右手として手順を説明します）

①同じ硬貨の下に呈示する。100 円から順に置く。

②最初に真ん中を取ることは難しいので、右に 100 円を置く。利き手側に 100 円があると取りやすい。利き手側の右から左方向に取っていく。

③右に 100 円を置く。利き手側の 100 円を取ったあと、左端の 10 円を取って置き、最後に 1 円を置く。

④見本の 100 円の下に 100 円を置く。次に、右手側にある 10 円を取る。最後に残った 1 円を取る。

⑤真ん中に 100 円を置き、利き手側に 10 円を置く。子どもは、100 円、10 円、1 円の順に取る。

⑥最後は真ん中に 100 円、非利き手側に次の 10 円、最後に利き手側の 1 円を取る。

　金種弁別ができるようになったら、次のねらいは、100 円、10 円、1 円を置く位置の理解です。

●バラバラに呈示された複数の硬貨を、見本を見ながら金種ごとに置く

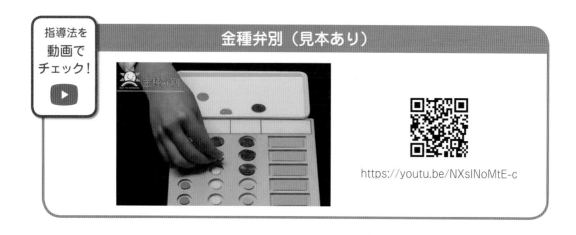

指導法を
動画で
チェック！
▶

金種弁別（見本あり）

https://youtu.be/NXslNoMtE-c

●バラバラに呈示された複数の硬貨を、見本なしで金種ごとに置く

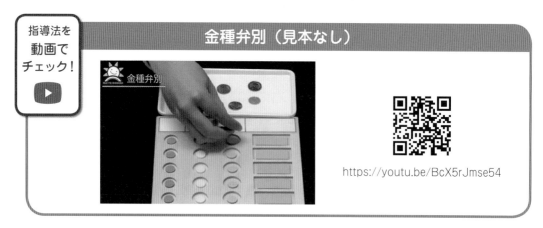

指導法を
動画で
チェック！
▶

金種弁別（見本なし）

https://youtu.be/BcX5rJmse54

　100円、10円、1円の金種弁別と置く位置がわかるようになってから次の課題に移ります。

紙わざシリーズ

ならべよう４ケタ

型紙（P.110-112）を活用した教材の作り方とその指導法を動画で紹介します。

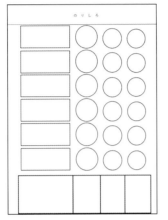

ならべよう４ケタ（４ケタ呈示板）

作り方を
動画で
チェック！

「ならべよう４ケタ」呈示板の作り方と指導法

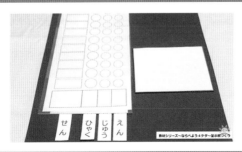

https://youtu.be/p5qcSS8RSCA

II 必要額を出す

　お金の三項関係で、数字と数対象の関係が 10 まで理解でき、いくつあるかを答えることができるようになったら、次の段階に移行できます（図 15）。

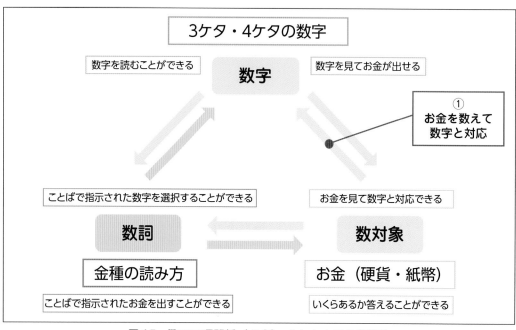

図 15　数の三項関係（お金）　4 ケタまでの学習①

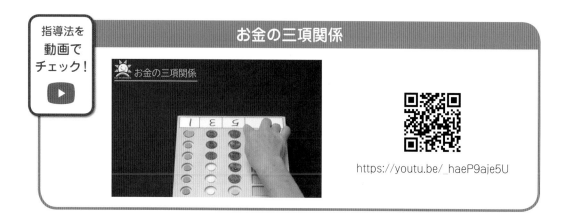

1. 数対象を数えて、数字を書く

事前に4ケタの数字を読むことを行いました（数詞と数字の関係）。次は、数字と数対象の関係です。

まず、数字の数だけ置くことは難しいため、置いてあるお金を数えるところから行います。数えて、数字を呈示板に書いたり、あるいは数字カードを置いたりします。ここでは、「531円」を例に説明します。

置かれたお金を数えて、数字を書く（数字カードを置く）

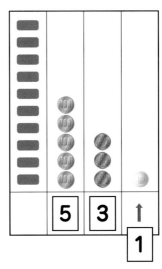

大きい位の100円から書くようにします。これまでの学習の中で、数対象（ものや絵、ドッツ）を数えることを行ってきました。先生は、子どもの手を対象物に添えながら子どもの声に先導して数詞を唱えることから始めました。徐々に子どもと一緒に数え、次に子どもの声に添えるようにことばをかけながら、一人で数えられることにつなげていきます。最後には、対象物に指を添えなくても目で数えられることへ、そして、見た瞬間いくつあるかをかたまりで捉えられるようになるまでにします。この段階で、目で数えることが難しい場合、お金の学習でなく、お金を活用しながら対象物を数える学習として位置付けることもあります。

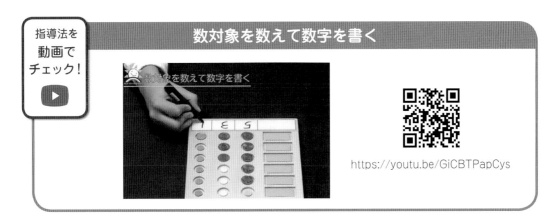

指導法を動画でチェック！ ▶

数対象を数えて数字を書く

https://youtu.be/GiCBTPapCys

2. 呈示板の下に置かれたちょうどのお金から必要額を出す

　百の位は、「ひゃく・びゃく・ぴゃく」の読み分けが必要なこと、4は「よん・し」、7は「なな・しち」と読み方が複数であること、「10・100」は「いちじゅう・いっぴゃく」と読み間違う可能性があること、数字が近いと、隣の硬貨の数に影響され置き間違えたりしやすいことなどがあります。これまで行ってきた学習上で見られる子どもたちの様子から、ここでは「531円」を例に考えてみます。呈示板の下にそれぞれ金種別に置かれた器から、数字を見ながら、呈示板に必要額を出します（図16）。すでに行っている金種弁別の学習の中でも、お金を置く場所を意識してきたかと思いますが、間違えさせない配慮として、最初はそれぞれの金種を、呈示板の下に置いておきます（写真14）。

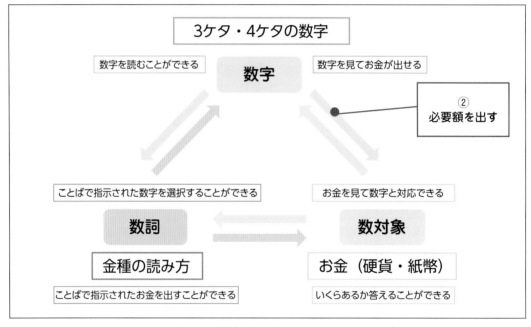

図16　数の三項関係（お金）　4ケタまでの学習②

　数対象を数えて、数字と対応させることと、数字を見て、複数のものから数字の数だけ操作できることの子どもが感じる難易度はかなり異なります。対象物を数えているときには、数えたものを覚えておきながら視線を移動させ、終点まで見ながら声を一致させていきます。しかし、数字を見て、複数の中から必要数を取る場合はどうでしょうか。子どもの立場になって難しさを述べると・・・

☆操作していることに注意が向き、いくつ入れたかを忘れてしまう。数えながら操作するという複数のことを一緒に行うことって難しい！特に肢体不自由児や指先の巧緻性が未熟な子どもたちは、操作することに集中してしまうのです。

☆最初に数字を覚えていなければならず、目の前に数字がなくなると記憶し続けることが
　難しい！

　お金も同様です。数字の数だけ硬貨を出すことは、とても難しいのです。

　よって、しっかり数えることを行ってからこの課題に入ります。

●紙幣が置ける4ケタの呈示板を使い、ちょうどのお金から3ケタの必要額を出す

写真14　数字と数対象（お金）との関係

指導法を
動画で
チェック！

ちょうどのお金から必要額を出す①

https://youtu.be/NB14wm2s7VU

3. バラバラに呈示されたちょうどのお金から金種別に必要額を出す

●バラバラに呈示されたちょうどのお金から、必要額（531円）を金種別に出す

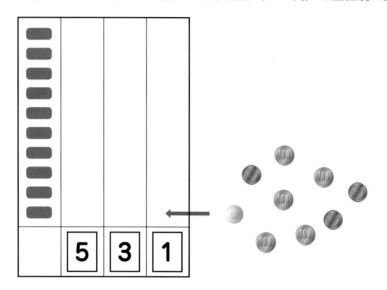

バラバラに呈示されたちょうどのお金を、大きい位から順に1種類ずつ出します。

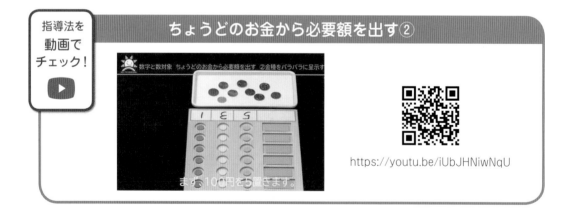

 指導法を動画でチェック！　ちょうどのお金から必要額を出す②　数字と数対象 ちょうどのお金から必要額を出す ②金種をバラバラに呈示す　まず100円を5置きます。　https://youtu.be/iUbJHNiwNqU

4. 金種別に呈示板の下に呈示された余分数のあるお金から必要額を出す

次に、100円、10円、1円の硬貨をそれぞれの呈示板の下にまとめて呈示し、余分数のある中から必要額を出すように促します。

●金種別に呈示板の下に呈示された余分数のあるお金から、必要額（531円）を出す

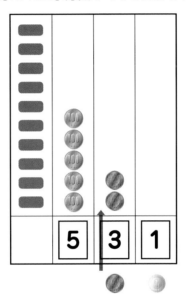

まず、大きい位から順に1種類ずつ硬貨をまとめて呈示します。

子どもは、余分数のある中から必要額を取り出し、呈示板に置きます。

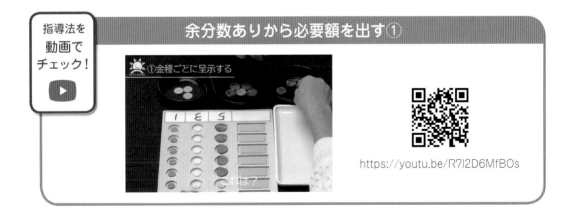

余分数ありから必要額を出す①

①金種ごとに呈示する

https://youtu.be/R7l2D6MfBOs

指導法を
動画で
チェック！

5. バラバラに置かれた余分数のあるお金から金種別に必要額を出す

　最後は、バラバラに置かれたお金を、金種別に置く場所を理解しながら、数字の数だけ置くように促します。ここでは、数の大小と数字と数対象の理解が目的となります。

●バラバラに置かれた余分数のあるお金から、金種別に必要額（531 円）を出す

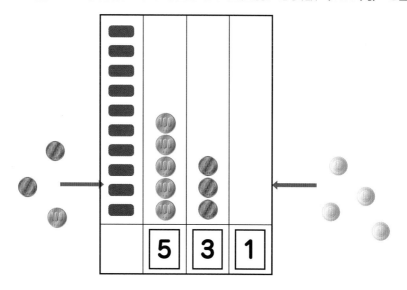

　子どもは、100 円、10 円、1 円の順に、余分数のある中から必要額を出します。余ったお金を子どもに見せ、一緒に「これは、いらない」と言いながら撤去します。

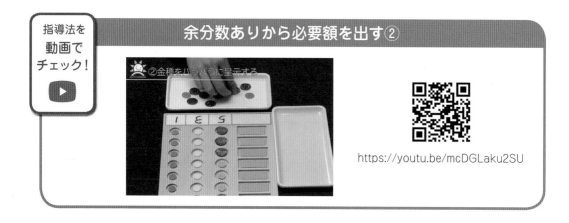

　バラバラに呈示された余分数のあるお金から、必要額だけ出せるようになったら、財布に挑戦です。

6.　財布から必要額を出す

　ここまできたら、財布を使っての学習です。でも、まだ等価は使わないので、5 円、50 円、500 円は使いません。呈示板と同じように並べた硬貨から、必要額を出す学習を行います。

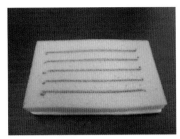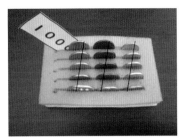

写真 15　特製スポンジ財布

　財布になると、金種がごちゃ混ぜになっている状態で、必要な額だけ財布から出すことが要求されます。財布を使っての学習は、子どもにとって、とても高いハードルになります。そこで、呈示板と同じ配列に整理されたグッズを考えました。

　食器洗い用のスポンジを加工し、硬貨をはさめるようにしました（写真 15）。裏から硬貨が抜けないように、厚紙を貼るなどして補強します。スポンジが入る大きさのポーチは、市販のものでもよいです。試作品としては、ポーチにストラップを付け、首にかけて手を自由に使えるようにしたり、ポーチの底に厚紙を貼り、支払いの場で、台の上に置いてお金を出せるようにしたりと、できるだけスムーズに出せるように工夫しました（写真 16）。

　4 ケタの呈示板で学習してきたので、財布は 4 ケタの呈示板と同じ配列で硬貨を入れておきます。縦に 5 個の硬貨が入るようにしてありますが、10 個入るように作ることもできます。また、100 円、10 円、1 円の 3 種類から始め、等価の学習後には、5 円、50 円、500 円が入るように切り込みを入れます。

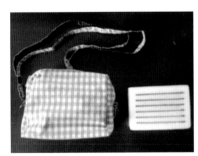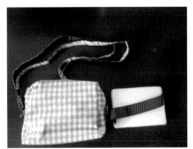

写真 16　スポンジの工夫とスポンジを入れるポーチ

　スポンジの裏に幅広の平ゴムを付けておくと、子どもは平ゴムに手を入れて片手を固定することで、お金を出しやすくなります。

「買い物しよう！」買い物支援グッズの作り方と指導法

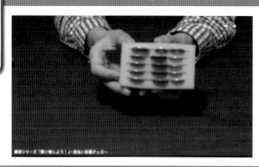

https://youtu.be/0LAa-zK9brg

財布から必要額を出す

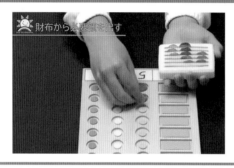

https://youtu.be/k-_YNFPxfAM

財布から出すステップは次のように考えます。

①スポンジを使い、余りの硬貨がない中から必要額を出す

②スポンジを使い、余りの硬貨がある中から必要額を出す

③スポンジを使わないで、余りの硬貨がない中から必要額を出す

④スポンジを使わないで、余りの硬貨がある中から必要額を出す

　レジで後ろに並んだときにストレスがかかるまでの待ち時間は、50秒弱というデータもあります。子どもたちの心理的負担が少なく買い物できるようにしたいものです。

III　等価の学習　〜変身させてみよう〜

1円・5円・10円・50円・100円・500円をお金の価値の大きさの順に並べて、比較してみます。

まずは、ドッツを数えて5のかたまり、10のかたまりを作ることから行います。

たくさんのドッツを10ずつまとめる学習を行います。巻末付録の各種ドッツのプリントを使用してください（P.113-124）。

1. 10 のかたまりがわかること

| Step1 | 1 が 10 で 10、10 が 10 で 100、100 が 10 で 1000 |

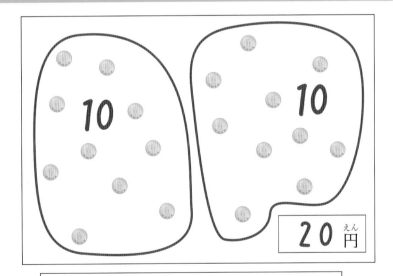

| 1 が 10 で 10 |

レディネス
　・数えることができる
　・視線の移動ができる
　・数えたところを覚えていることができる
　・いくつ数えたかを覚えていることができる
　・目で数えることができる
そのために
　★縦、横に並んだドッツを使って学習を始める

ドッツにナンバリングしてはいけません!!

ドッツに番号をつけながら教える先生を見かけます。もともと一つひとつのドッツには数詞はついていません。ナンバリングすると、「3円ちょうだい」と量を要求したときに、3のナンバーをつけたものを渡すことも考えられます。一度学習したものを修正し、納得できるまでには、かなり時間がかかることがあります。ナンバリングでなく、ドッツにチェックを入れるだけでも数えた軌跡は残ります。

(1) 10がいくつ？

①子どもと一緒にドッツを数えながらチェックを入れます。1、2…と10まで数えたら、そのかたまりを枠でくくり、10と書きます。

②10がいくつかを、めくり教材（P.30-31参照）を使って数えます。一の位は0を出しておき、十の位だけめくっていきます。「10が1で10、10が2で20・・・」

③「10が・・・でいくつ？」と尋ね、子どもは答えを言います。

(2) 10がいくつと1がいくつ？

①子どもと一緒にドッツを数えます。10まで数えたら、そのかたまりを枠でくくり、10と書きます。

②1を数えます。

③めくり教材を活用します。まず、一の位は0を出しておき、「10がいくつ？」と尋ね、子どもは答え、教材をめくります。次に「1がいくつ？」と尋ね、一の位をめくります。「10が・・・で、1が・・・で、みんなでいくつ？」と尋ね、子どもは全部の量を答えます。

＊徐々に10のかたまりを増やし、次の10が10で100につなげていきます。

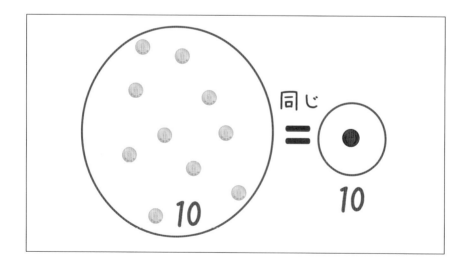

10 が 10 で 100

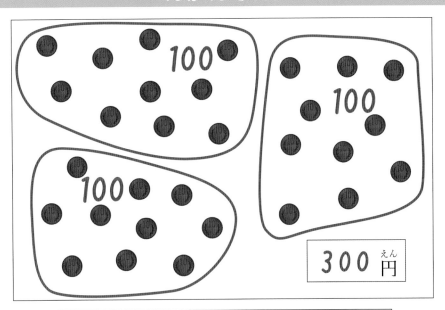

レディネス
★ 10 が 10 で、100 と言える
　➡数字と数詞の対応
そのために
　めくり教材で十の位を 10、20…と数え、100 まで唱える

(1)　100 がいくつ？

①子どもと一緒にドッツを数えます。10 を 10 数えたら、そのかたまりを枠でくくり、100 と書きます。

② 100 がいくつかを、めくり教材（P.30-31 参照）を使って数えます。一の位、十の位は 0 を出しておき、百の位だけめくっていきます。「100 が 1 で 100、100 が 2 で 200・・・」

③「100 が・・・でいくつ？」と尋ね、子どもは答えを言います。

(2)　100 がいくつと 10 がいくつ？

①子どもと一緒にドッツを数えます。10 を 10 個数えたら、そのかたまりを枠でくくり、100 と書きます。

② 10 を数えます。

③めくり教材を活用します。まず、一の位、十の位は 0 を出しておきます。「100 がいくつ？」と尋ね、子どもは答え、教材をめくります。次に「10 がいくつ？」と尋ね、子どもは答え、十の位をめくります。一の位は 0 のままで、「100 が・・・で、10 が・・・で、みんなでいくつ？」と尋ね、子どもは全部の量を答えます。

＊徐々に 100 のかたまりを増やし、次の 100 が 10 で 1000 につなげていきます。

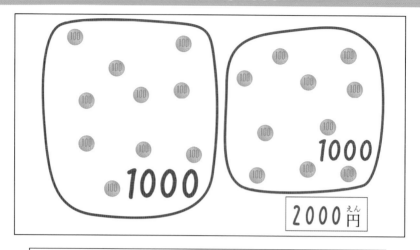

レディネス
★ 100 が 10 で 1000 と言える
　➡ 数字と数詞の対応
そのために
　めくり教材で百の位を 100、200…と数え、1000 まで唱える

(1) 1000 がいくつ？

①子どもと一緒にドッツを数えます。100 を 10 個数えたら、そのかたまりを枠でくくり、1000 と書きます。

② 1000 がいくつかを、めくり教材 (P.30-31 参照) を使って数えます。一の位、十の位、百の位は 0 を出しておき、千の位だけめくっていきます。「1000 が 1 で 1000、1000 が 2 で 2000・・・」

③「1000 が・・・でいくつ？」と尋ね、子どもは答えを言います。

(2) 1000 がいくつと 100 がいくつ？

①子どもと一緒にドッツを数えます。100 を 10 個数えたら、そのかたまりを枠でくくり、1000 と書きます。

② 100 を数えます。

③めくり教材を活用します。まず、教材の一の位、十の位、百の位は閉じて、「1000 がいくつ？」と尋ね、子どもは答え、めくります。次に「100 がいくつ？」と尋ね、子どもは答え、百の位をめくります。一の位、十の位、百の位は 0 を出します。「1000 が・・・で、100 が・・・で、みんなでいくつ？」と尋ね、子どもは全部の量を答えます。

＊徐々に 1000 のかたまりを増やし、次の 1000 が 10 で 10000 につなげていきます。

2. 10 in 1 を使った学習

　10 in 1 の学習は、1 円が 10 個で 10 円、10 円が 10 個で 100 円、100 円が 10 個で 1000 円というような、10 の等価の学習です。

Step2 | 1 円 10 個は 10 円と同じ、 10 円 10 個は 100 円と同じ、 100 円 10 個は 1000 円と同じ

　10 のかたまり、100 のかたまり、1000 のかたまりを学習してから、等価の学習に入ります。まず、10 の等価から行います。

1 円 10 個は 10 円と同じ　　　　　　　型紙：P.125

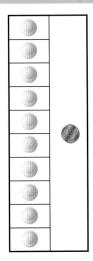

① 1 円を 10 個置き、いくらか答え、10 円を置く

② 1 円を 10 個置き、いくらか答え、金種を選択する

③ 10 円を 1 個置き、いくらか答え、どの金種が 10 個と同じかを選択する

（1）1 円を 10 個置き、一緒に数える

　このときは、「いち、に…」でなく、「いちえん、にえん・・・」と数えます。

　10 円を呈示板に置き、「こっちは 1 円が 10 で 10 円、こっちは 10 円、こっちとこっちは同じ」とことばをかけ、一緒に言うように促します。言語化させることで、意識化を図ります。

　1 円を 10 個置いた呈示板の横に 10 円を置き、同じであることを伝えます。

（2）1 円 10 個とどれが同じ？

　「いちえん、にえん」と唱えながら 1 円を 10 個置きます。子どもが置き、先生は子どもよりも一拍早く唱えます。10 個置いたところで、先生は「これは？ 10 円」と言います。子どもに間違えさせないために、先生が答えを先に言います。

Step2
1 円が 10 個で 10 円と同じ
10 円が 10 個で 100 円と同じ
100 円が 10 個で 1000 円と同じ

10in1 を使って
1 が 10 と 10 が同じを学習する

次に、10円と100円を用意します。

「1円10で10円、これと同じはどっち?」と子どもの手前に、10円と100円を呈示します。子どもの利き手側に10円を置くと、間違えにくくなります。また、形の弁別の際に行った呈示順序のように、10円を利き手側に後に呈示した方が、記憶に新しく、取りやすくなると考えます。子どもの習得度に応じて、間違えさせないような工夫をしてください。

(3) 10円を置き、どっちが10円と同じ?

呈示板に10円を1個置いておき、1円10個と10円10個を別々の呈示板に入れた状態で呈示します。(2)と同様、子どもに間違えさせないような工夫をします。

10円 10個　　　　**1円 10個**

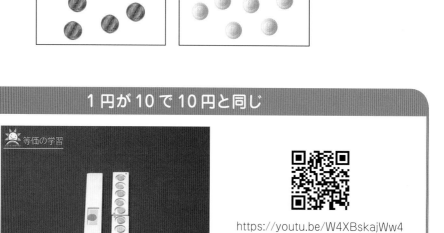

指導法を
動画で
チェック!
▶

1円が10で10円と同じ

等価の学習

1円が10で□円と同じになりますか?

https://youtu.be/W4XBskajWw4

紙わざシリーズ

----

10 in 1, 5 in 1, 2 in 1, 1000

等価の学習のための、型紙（P.126-127）を活用した教材の作り方とその指導法を動画で紹介します。

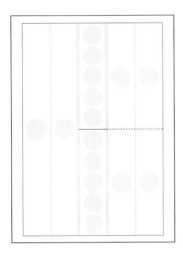
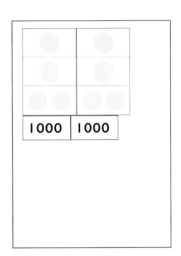

「等価の学習」作り方・使い方

指導法を
動画で
チェック！

教材シリーズ　～等価の学習～

https://youtu.be/byhpqpEBDk8

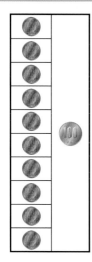

① 10円を10個置き、いくらか答え、100円を置く

② 10円を10個置き、いくらか答え、金種を選択する

③ 100円を1個置き、いくらか答え、どの金種が10個
　と同じかを選択する

（1）10円を10個置き、一緒に数える

　このときは、「じゅう、にじゅう・・・」でなく、「じゅうえん、にじゅうえん・・・」と数えます。

　100円を呈示板に置き、「こっちは10円が10で100円、こっちは100円、こっちとこっちは同じ」とことばをかけ、一緒に言うように促します。言語化させることで、意識化をはかります。

　10円を10個置いた呈示板の横に100円を置き、同じであることを伝えます。

（2）10円10個とどっちが同じ？

　「じゅうえん、にじゅうえん」と唱えながら10円を10個置きます。子どもが置き、先生は子どもよりも一拍早く唱えます。10個入れたところで、先生は「これは？100円」と言います。10円と100円を用意します。

　「10円10で100円、これと同じはどっち？」と子どもの手前に、100円と10円を呈示します。子どもの利き手側に100円を置く方が、間違えさせない工夫となります。また、形の弁別の際に行った呈示順序のように、100円を利き手側に後に呈示した方が、記憶に新しく、子どもが取りやすくなると考えます。

（3）100円を置き、どっちが100円と同じ？

　呈示板に100円を1個置いておき、10円10個と1円10個を呈示板に入れた状態で呈示します。（2）と同様、子どもに間違えさせないような工夫をします。

10円 10個

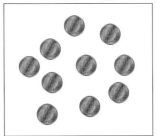

100円 10個

指導法を
動画で
チェック！

10円が10で100円と同じ

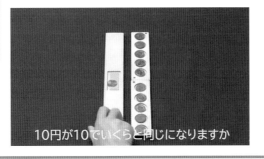

10円が10でいくらと同じになりますか

https://youtu.be/5j8_30Nk_xE

100円 10個は 1000円と同じ　　型紙：P.125

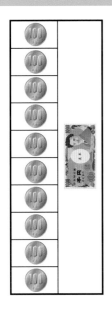

① 100円を 10個置き、いくらか答え、1000円を置く

② 100円を 10個置き、いくらか答え、金種を選択する

③ 1000円を 1枚置き、いくらか答え、どの金種が 10個
　と同じかを選択する

　10円、100円と同様に、1000円の10の等価も行います。ここでは、呈示板を合わせて同じあることを伝えるために、紙幣の大きさを呈示板に入る大きさに合わせて小さくしています。お金の学習では、質感、重さを伝えるためにも、硬貨は実際のお金を使うようにしています。

3. 5 in 1 を使った学習

10 in 1 の学習と同様に、1 円が 5 個で 5 円、10 円が 5 個で 50 円、100 円が 5 個で 500 円というような、5 の等価の学習です。

 Step3 1 円 5 個は 5 円と同じ、 10 円 5 個は 50 円と同じ、
100 円 5 個は 500 円と同じ

次に 5 の等価の学習を行います。5 の等価は、5 円から始めます。1 円 1 個は 1 円であり、10 円 1 個は 10 円です。数えた数に円をつけただけで正解になるため、10 円よりも簡単だと考えます。

1 円 5 個は 5 円と同じ　　　　型紙：P.125

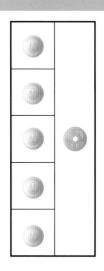

①1 円を 5 個置き、いくらか答え、5 円を置く

②1 円を 5 個置き、いくらか答え、金種を選択する

③5 円を 1 個置き、いくらか答え、どの金種が 5 個と同じかを選択する

（1）1 円を 5 個置き、一緒に数える

このときは、「いち、に・・・」でなく、「いちえん、にえん・・・」と数えます。

5 円を呈示板に置き、「こっちは 1 円が 5 で 5 円、こっちは 5 円、こっちとこっちは同じ」とことばをかけ、一緒に言うように促します。言語化させることで、意識化をはかります。

1 円を 5 個置いた呈示板に、5 円を置いた呈示板を重ね、同じあることを伝えます。

（2）1 円 5 個とどっちが同じ？

「いちえん、にえん」と唱えながら 1 円を 5 個置きます。子どもが置き、先生は子どもよりも一拍早く唱えます。5 個入れたところで、先生は「これは？5 円」と言います。5 円と 50 円を用意します。

「1 円 5 で 5 円、これと同じはどっち？」と子どもの手前に、5 円と 50 円を呈示します。子どもの利き手側に 5 円を置くことが、間違えさせない工夫となります。また、形の弁別

の際に行った呈示順序のように、5円を利き手側に後に呈示した方が、記憶に新しく、子どもが取りやすくなると考えます。どちらも穴が開いている5円と50円で混乱する場合は、10円や100円を使います。子どもの習得度に応じて、間違えさせないような工夫をしてください。

（3）5円を置き、どっちが5円と同じ？

呈示板に5円を置いておき、1円5個と10円5個を別々の呈示板に入れた状態で呈示します。（2）同様、子どもに間違えさせないような工夫をします。

5 in 1

型紙（P.128）を活用した 5 in 1 の教材の作り方とその指導法を動画で紹介します。

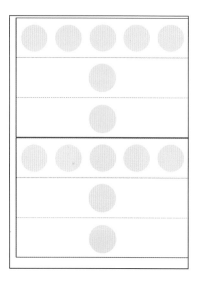

指導法を
動画で
チェック！

ならべよう 4 ケタと 5 in 1 の使い方

https://youtu.be/zBV4RiRB90U

10 円 5 個は 50 円と同じ　　　型紙：P.128

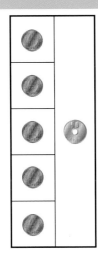

① 10 円を 5 個置き、いくらか答え、50 円を置く

② 10 円を 5 個置き、いくらか答え、金種を選択する

③ 50 円を 1 個置き、いくらか答え、どの金種が 5 個と
同じかを選択する

(1) 10 円を 5 個置き、一緒に数える

このときは、「じゅう、にじゅう・・・」でなく、「じゅうえん、にじゅうえん・・・」と数えます。

50 円を呈示板に置き、「こっちは 10 円が 5 で 50 円、こっちは 50 円、こっちとこっちは同じ」とことばをかけ、一緒に言うように促します。言語化させることで、意識化をはかります。

10 円 5 個置いた呈示板に、50 円を置いた呈示板を重ね、同じあることを伝えます。

(2) 10 円 5 個とどっちが同じ？

「じゅうえん、にじゅうえん」と唱えながら 10 円を 5 個置きます。子どもが置き、先生は子どもよりも一拍早く唱えます。5 個入れたところで、先生は「これは？ 50 円」と言います。50 円と 5 円を用意します。

「10 円 5 で 50 円、これと同じはどっち？」と子どもの手前に、50 円と 5 円を呈示します。子どもの利き手側に 50 円を置くことが、間違えさせない工夫となります。また、形の弁別の際に行った呈示順序のように、50 円を利き手側に後に呈示した方が、記憶に新しく、取りやすくなると考えます。子どもの習得度に応じて、間違えさせないような工夫をしてください。

(3) 50 円を置き、どっちが 50 円と同じ？

呈示板に 5 円を置いておき、10 円 5 個と 1 円 5 個を呈示板に入れた状態で呈示します。(2) と同様、子どもに間違えさせないような工夫をします。

指導法を
動画で
チェック！
▶

10円5個は50円と同じ

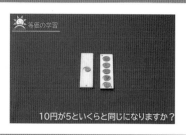

https://youtu.be/NyV62100z2Q

100円5個は500円と同じ　　　　型紙：P.128

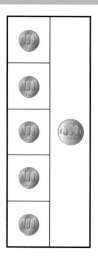

① 100円を5個置き、いくらか答え、500円を置く

② 100円を5個置き、いくらか答え、金種を選択する

③ 500円1個を置き、いくらか答え、どの金種が5個
　　と同じかを選択する

5円、50円と同様に、500円も行います。

指導法を
動画で
チェック！
▶

100円5個は500円と同じ

https://youtu.be/luABU3NBytU

4. 2 in 1 を使った学習

　2 in 1 の学習では、5円と5円は10円と同じ、50円と50円は100円と同じ、500円と500円は1000円と同じという等価の学習を行います。

Step4　5円と5円は10円と同じ、10円は5円2個と同じ

5円と5円は10円と同じ　　　　型紙：P.127

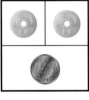
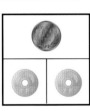

① 5円を2個置き、「5円と5円は」、10円を1個置き、「10円と同じ」と唱える

② 10円を置き、「10円は」、5円を2個置き、「5円と5円と同じ」と唱える

③ 10円を置き、5円2個、50円2個、500円2個を呈示し、どれとどれを合わせると10円と同じか問う

(1) 5円と5円は10円と同じ

　5円と5円を呈示板に置いておきます。「5円と5円は10円と同じ」と言いながら、先生が10円の入っている呈示板を重ねます。2 in 1 の教材は、子どもがハッと驚くときに醍醐味を感じます。「へんし〜ん」と言いながら硬貨を変身させる様子を見せます。

　次に、呈示板から10円を取り出し、子どもに置いてもらいます。次に、10円と100円から選択して置いてもらいます。

(2) 10円は5円2個と同じ

　10円を置いておき、「へんし〜ん」と言いながら、先生は、5円2個が入っている呈示板を重ねます。最初は入れておき、その後入れてある5円2個を取り出し、子どもに置いてもらいます。次に、5円2個と50円2個から選択して置いてもらいます。

2 in 1 の型紙を活用した教材の作り方は、10 in 1 の動画（P.63）で説明していますので、そちらをご参照ください。

指導法を
動画で
チェック！

▶

5 円と 5 円は 10 円と同じ

https://youtu.be/bv4fYJUyWKw

指導法を
動画で
チェック！

▶

10 円は 5 円 2 個と同じ

https://youtu.be/UAbcaGCgOa0

50 円と 50 円は 100 円と同じ　　型紙：P.127

① 50 円を 2 個置き、「50 円と 50 円は」、100 円を 1 個置き、「100 円と同じ」と唱える

② 100 円を置き、「100 円は」、50 円を 2 個置き、「50 円と 50 円と同じ」と唱える

③ 100 円を置き、5 円 2 個、50 円 2 個、500 円 2 個を呈示し、どれとどれを合わせると 100 円と同じか問う

(1) 50円と50円は100円と同じ

　50円と50円を呈示板に置いておきます。「50円と50円は100円と同じ」と言いながら、先生が100円の入っている呈示板を重ねます。2 in 1の教材は、子どもがハッと驚くときに醍醐味を感じます。「へんし～ん」と言いながら硬貨を変身させる様子を見せます。

　次に、呈示板から100円を取り出し、子どもに置いてもらいます。次に、100円と10円から選択して置いてもらいます。

(2) 100円は50円2個と同じ

　100円を置いておき、「へんし～ん」と言いながら、先生は、50円2個が入っている呈示板を重ねます。最初は入れておき、その後入れてある50円2個を取り出し、子どもに置いてもらいます。次に、50円2個と5円2個から選択して置いてもらいます。

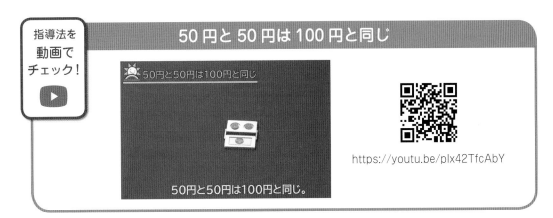

500円と500円は1000円と同じ　　型紙：P.127

① 500円を2個置き、「500円と500円は」、1000円を1枚置き、「1000円と同じ」と唱える

② 1000円を置き、「1000円は」、500円を2個置き、「500円と500円と同じ」と唱える

③ 1000円を1枚置き、5円2個、50円2個、500円2個を呈示し、どれとどれを合わせると1000円と同じか問う

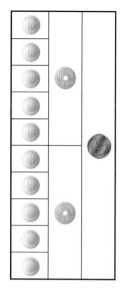

① 1円を10個置き、いくらか答える
　 10円、100円から選択する

② 1円を5個置き、5円、50円、500円から選択する
　 1円を5個置き、5円、50円、500円から選択する
　 （上下に分けて、2回繰り返す）

③ 5円を2個置き、10円、100円から選択し、いくらか
　 答える

④ 5円を2個置き、1円10個を置く

指導法を
動画で
チェック！
▶

等価のまとめ

https://youtu.be/EBQUYhTg-v4

（1）1円10個と10円は同じ

　子どもは、1円10個を置き、いくらあるかを答え、同じ金額の硬貨を10円、100円から選択します。

（2）1円5個は5円と同じ（2回繰り返す）

　子どもは、1円5個を置き、いくらあるかを答え、同じ金額の硬貨を5円、50円、500円から選択します。再度、1円5個と5円の等価を行います。

（3）5円と5円は10円と同じ

　子どもは、5円2個を置き、いくらあるかを答え、同じ金額の硬貨を10円、100円から選択します。

（4）5円と5円は1円10個と同じ

　子どもは、5円2個を置き、いくらあるかを答え、1円10個を置きます。

(5) 1 円 10 個と 5 円 2 個と 10 円は同じ

　1 円 10 個を数えながら置き「1 円 10 個と」、5 円 2 個を置きながら「5 円と 5 円と」、10 円を置きながら「10 円は」「同じ」と唱えます。

---

10 円 10 個= 100 円= 50 円+ 50 円　　型紙：P.129

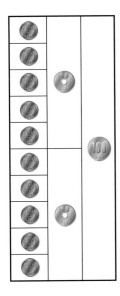

① 10 円を 10 個置き、いくらか答える
　　10 円、100 円から選択する

② 10 円を 5 個置き、5 円、50 円、500 円から選択する
　　10 円を 5 個置き、5 円、50 円、500 円から選択する
　　（上下に分けて、2 回繰り返す）

③ 50 円を 2 個置き、10 円、100 円から選択し、いくらか答える

④ 50 円を 2 個置き、10 円 10 個を置く

---

(1) 10 円 10 個と 100 円は同じ

　子どもは、10 円 10 個を置き、いくらあるかを答え、同じ金額の硬貨を 10 円、100 円から選択します。

(2) 10 円 5 個は 50 円と同じ（2 回繰り返す）

　子どもは、10 円 5 個を置き、いくらあるかを答え、同じ金額の硬貨を 5 円、50 円、500 円から選択します。再度、10 円 5 個と 50 円の等価を行います。

(3) 50 円と 50 円は 100 円と同じ

　子どもは、50 円 2 個を置き、いくらあるかを答え、同じ金額の硬貨を 10 円、100 円から選択します。

(4) 50 円と 50 円は 10 円 10 個と同じ

　子どもは、50 円 2 個を置き、いくらあるかを答え、10 円 10 個を置きます。

(5) 10 円 10 個と 50 円 2 個と 100 円は同じ

　10 円 10 個を数えながら置き「10 円 10 個と」、50 円 2 個を置きながら「50 円と 50 円と」、100 円を置きながら「100 円は」「同じ」と唱えます。

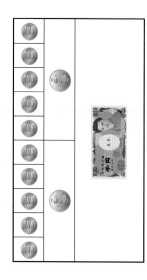

① 100 円を 10 個置き、いくらか答える
　10 円、100 円、1000 円から選択する

② 100 円を 5 個置き、5 円、50 円、500 円から選択する
　100 円を 5 個置き、5 円、50 円、500 円から選択する
　（上下に分けて、2 回繰り返す）

③ 500 円を 2 個置き、10 円、100 円、1000 円から選択し、
　いくらか答える

④ 500 円を 2 個置き、100 円 10 個を置く

100 円 10 個と 500 円 2 個と 1000 円は同じ、という学習も同様に行います。

いくらあるかな？
～等価を使って、いくらあるのかがわかる～

お財布から、さまざまな金種を使い、等価を行いながら必要額を出すことを目標とした際、まず、さまざまな金種をまとめていくらあるかを理解する力が必要となります。

ここでは、さまざまな金種の硬貨を 2 in 1、5 in 1、10 in 1 を使いながらまとめ、いくらあるかを学習します。等価を行う数が多いほど難易度が増します。等価でも 10 のまとまりを作る、5 のまとまりを作る、5 と 5 を合わせて作るなど、組み合わせの難易度も考えられます。これらを考慮すると、複数の組み合わせ方が混在し、なおかつ複数の等価を行う課題は難しいと考えます。

組み合わせ方は、以下のようなものがあります。

① 10 in1 を使って

② 2 in1 を使って

③ 5 in1 を使って

④ 10 in1 と 2 in1 を使って

⑤ 10 in1 と 5 in1 使って

⑥ 5 in1 と 2 in1 を使って

⑦ 10 in1、5 in1、2 in1 を使って

⑧ さまざまな等価の教具を使って

小銭を貯める貯金箱があり、中身がたくさんになったので、開けて数えるとします。まず、1 円・10 円・100 円の同じ金種を数えながら 10 のかたまりを作るのではないでしょうか。1 円 10 個のかたまりを作り、10 円いくらかと合わせながら 100 円を作る。10 円 10 個のかたまりと 100 円いくらかと合わせながら 1000 円を作る。そして 5 円と 5 円で 10 円、50 円と 50 円で 100 円、500 円と 500 円で 1000 円を作る。次にかたまりとしてできなかった金種を、5 円に 1 円の端数をたしながら一の位の数を、50 円に 10 円の端数をたしながら十の位の数を、500 円に 100 円の端数をたしながら百の位の数を、というように、いくらあるかを数えているのではないでしょうか。人によってさまざまな組み合わせでいくらあるかを数えると思いますが、かたまりを作りながら数えることは共通しているのではないでしょうか。

これを子どもにどのように教えたらよいでしょう。まず、かたまりを作ることから行います。さまざまな組み合わせがありますが、いくつかを紹介します。

1. 10 in 1 を 1 回使って、100 円 1 個と 10 円 6 個、1 円 10 個をまとめてみよう（等価 1 回）

　4 ケタ呈示板と 10 in 1 を使って、1 円 10 個と 10 円の等価を行います。

　1 円 10 個を 10 in 1 で 10 円 1 個と置き換え（変身）させます。次に 10 円と置き換え（変身）させます。4 ケタの呈示板に、大きい金種から置きます。

　　先生「100 円 1 個で」　→　子ども「100 円」

　　先生「10 円 6 個で」　→　子ども「60 円」

　　先生「1 円 10 個はいくらと同じですか」　→　子ども「10 円です」

　　先生「では、10 円 6 個と 10 円ではいくらですか」（先生は 4 ケタ呈示板に 10 円 6 個と 10 円 1 個を置く）　→　子ども「70 円です」

　　先生「100 円 1 個、10 円 7 個ではいくらになりますか」　→　子ども「170 円です」

2. 10 in 1・5 in 1 を使って、10 円 5 個と 50 円、1 円 10 個と 10 円をまとめてみよう（等価 2 回）

Step1　10 円 5 個は 50 円と同じ、1 円 10 個は 10 円と同じ

10 円 5 個は 50 円と同じ
1 円 10 個は 10 円と同じ

100 円	1 個	＝100 円
10 円	6 個	＝ 60 円
1 円	10 個	＝ 10 円

170 円です！

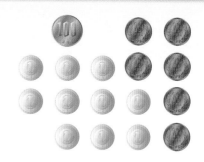

指導法を
動画で
チェック！
▶

いくらあるかな

https://youtu.be/c7Gc7iznfoQ

　1 円 5 個のかたまりを 2 個作って 10 円にまとめる方法もあります。

3.　大きいお金をくずしてみよう

　50 円は 10 円 5 個と同じことをすでに学習しました。買い物で必要額を出すときには、金種をまとめて、いくらあるかを判断しながら出します。ちょうどのお金がないときに、大きなお金を出し、いくら戻ってくるかのおつりの概念の理解に向けては、まとめる学習だけでなく、大きなお金をくずす学習も必要と考えます。10 円が 5 個で 50 円とまとめるだけでなく、ここでは、50 円は 10 円 5 個と同じであることを、学習することも必要です。

Step2　50 円は 10 円 5 個と同じ

50 円は 10 円 5 個と同じ

100 円	3 個 =	300 円
50 円	1 個 =	50 円
10 円	2 個 =	20 円

370 円です！

大きなお金から、数えます。呈示板に置きながら、

先生「100 円 3 個で」　→　子ども「300 円」

先生「50 円は 10 円がいくつと同じですか」　→　子ども「5 個です」

　　　50 円は 10 円 5 個、あと 10 円 2 個なのでいくらになりますか」

　　　　→　子ども「70 円です」

先生「では、300 円と 70 円でいくらになりますか」　→　子ども「370 円です」

指導法を
**動画で
チェック！**
▶

いくらあるかな

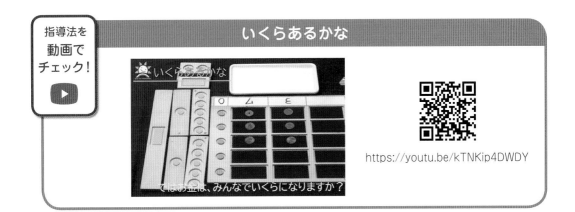

https://youtu.be/kTNKip4DWDY

4. 2 in 1 を使って、50円2個と5円2個をまとめてみよう（等価2回）

100円1個を呈示板に置きます。50円2個を2 in 1で100円に置き換え（変身）させます。10円1個を置きます。5円2個を2 in 1で10円に置き換え（変身）させます。

先生「100円1個でいくらですか」 → 子ども「100円です」

先生「50円と50円はいくらと同じになりますか」 → 子ども「100円です」

先生「では100円2個でいくらになりますか」 子ども「200円です」

先生「10円1個でいくらですか」 → 子ども「10円です」

先生「5円と5円はいくらと同じになりますか」 → 子ども「10円です」

先生「10円2個でいくらになりますか」 → 子ども「20円です」

先生「100円2個と10円2個でいくらになりますか」 → 子ども「220円です」

＊「いくら」のことばの概念が難しい場合、「何円ですか」に替えてもよいです。徐々に「いくら」のことばを使っていきます。

Step3 — 何円ありますか？　5円と5円は10円と同じ

50円と50円は100円と同じ
5円と5円は10円と同じ

100円	1個	=100円
50円	2個	=100円
10円	1個	= 10円
5円	2個	= 10円

220円です！

　2 in 1の学習で使用する呈示板もあります（P.130）。「虹とおひさま」のホームページからダウンロードしたPDFをA4判で印刷し、2枚の型紙を貼り合わせてご利用ください。

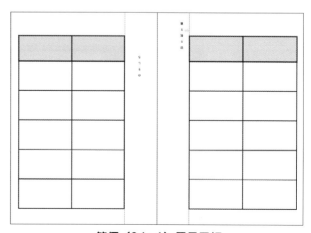

等価（2 in 1）用呈示板

5. 50円2個と10円10個、5円2個と1円10個をまとめ
てみよう（等価4回）

10 in 1と2 in 1を2回ずつ使ってまとめてみましょう。

Step4　何円ありますか？　1円10で10円、5円と5円は10円と同じ

50円と50円は100円と同じ
10円10は100円と同じ
5円と5円は10円と同じ
1円10は10円と同じ

50円　　2個＝100円
10円　10個＝100円
5円　　2個＝　10円
1円　10個＝　10円

220円です！

指導法を
動画で
チェック！
▶

いくらあるかな　まとめてみよう

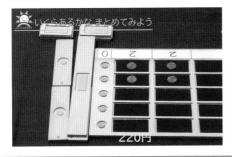

https://youtu.be/Exn-UI1kR-U

V 等価を使って必要額を作る

　前項の、いくらあるかを数えながらかたまりを作る学習を行ってから、等価を使って必要額を作る学習に移行します。ここでは、次のようなステップで行います。

①**数字に対応した金額を作る（余りのお金なし）**
②**数字に対応した金額を作る（余りのお金あり）**
③**ことばで指示された金額を作る（余りのお金なし）**
④**ことばで指示された金額を作る（余りのお金あり）**

1. 数字に対応した金額を作る（余りなし）

Step1　371円を出しましょう　余りのお金なし

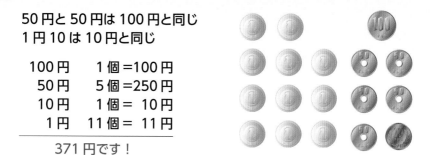

50円と50円は100円と同じ
1円10は10円と同じ

100円	1個	=100円
50円	5個	=250円
10円	1個	= 10円
1円	11個	= 11円

371円です！

　1円は10 in 1を使い10円に変身させ（両替）、50円と50円は2 in 1を使いながら変身させ（両替）必要額を作ります。

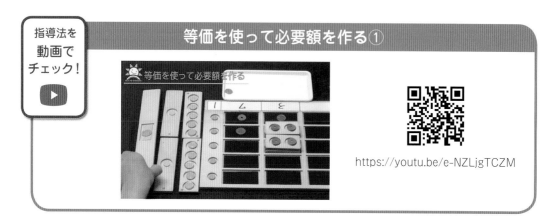

指導法を動画でチェック！

▶

等価を使って必要額を作る①

https://youtu.be/e-NZLjgTCZM

2. 数字に対応した金額を作る（余りあり）

　50円と50円の等価を2回、5円と5円の等価を1回を行いながら、余りのあるお金から必要額を出す学習を行います。等価の組み合わせの内容と数による難易度が考えられます。実際は、即座に判断しながらお金を作っているかと思います。

　ここでは、5の等価を複数行いながら、余りのあるお金から必要額を出す学習を行います。

Step2　371円を出しましょう　余りのお金あり

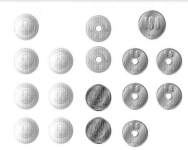

50円と50円は100円と同じ
1円10は10円と同じ

100円	1個	＝100円
50円	5個	＝250円
10円	2個	＝ 20円
5円	2個	＝ 10円
1円	7個	＝　7円

387円

387円から371円を出します。

指導法を
動画で
チェック！

▶

等価を使って必要額を作る②

https://youtu.be/ywDWhIj3TEY

　ここまでは、必要額を呈示板または紙に書いてからお金を用意しました。実際のレジでは、ことばで「○○円です」と言われて、財布からお金を出します。このとき、払うお金を記憶し続けなければなりません。財布から出す前に、複数金種を机に置いておき、そこから組み合わせながら必要額を作る学習を行っておきます。

　財布の中には、100円、10円、1円それぞれ4ケタ呈示板と同じ配列に差し込めるように、切り目を入れたスポンジを作ります（P.55-56参照）。あらかじめ入れておいた硬貨を出す学習も行いますが、以下のような使い方もできます。

バラバラに入っているお金から、4ケタ呈示板に置くのと同様に、必要額を金種別にスポンジに差し込んで、必要額を作ってから渡すようにします。指示されたお金を出して確認できるので、ことばで指示され、硬貨がバラバラに入っている財布から出すよりも間違いは少ないと考えます。

Step3 財布の中にバラバラに入っているお金から、スポンジに必要額を差す

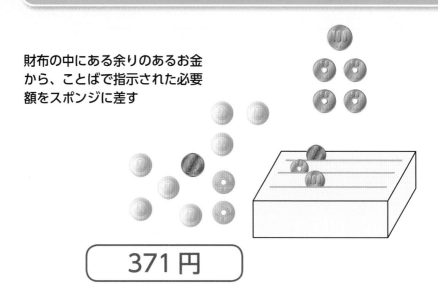

財布の中にある余りのあるお金から、ことばで指示された必要額をスポンジに差す

371円

　このように、必要額を出す学習も、ちょうどの金額から、余りのある金額から、整然と並んだ金種から、バラバラに入っている財布から、というような難易度が考えられます。どの段階においても、子どもの力を的確に捉え、一足飛びの指導にならないようにしましょう。

指導法を**動画で**チェック！

お財布の中から必要額を出す

https://youtu.be/e2tHu0dpxK8

 VI　買えるかな

　ここでは、買えるかどうかの判断ができることを目標とした指導を行います。教材は、「か
えるかな」を使います。実は、この教材は、島根県立益田養護学校の個別の指導で、先生
が自作教材として使われていたものをヒントにしています。筆者は20年間、外部専門家
活用事業として、年に数回個別の学習場面などの教育活動で指導助言を行ってきています。
個別の学習では、どの先生も、子どもと対面の位置で、子どもの視線と視線の先を見逃さ
ないようにしながら、自作教材で指導を行っています。

　お金の学習指導で、買えるかどうかの判断ができることを目標に、見える形で買えるか
どうかの判断ができる、よく工夫された教材です。ここでは、370円のものを460円で
買うことができるかどうかの判断をするという課題を設定します。

1.　買えるかどうかの判断をする

　持っている金額に矢印を動かして合わせ、買えるかどうかを見て判断します。最初は、
等価なしの硬貨を用意します。

　先生「持っているお金はいくらですか」　→　子ども「460円です」

先生「払うお金はいくらですか」　→　子ども「370円です」

先生「460円で370円のものは、買えませんか？　買えますか？」

　　→　子ども「買えます」

　子どもにかけることばは、正解を後に添えます。ここでは、「買えます」が正解のため、「買えませんか？　買えますか？」とことばをかけます。

写真17　「かえるかな」

　「かえるかな」の教材を使って、持っているお金と買うものの金額を矢印で示します（写真17）。矢印のバーを動かし、「かえない」「かえる」を視覚的に示します。

　「買えませんか？」「買えますか？」の順で子どもに問いかけます。正解の方を後に言うのは、後から言ったことばの方が子どもの記憶に残りやすく、間違えることが少ないからです。

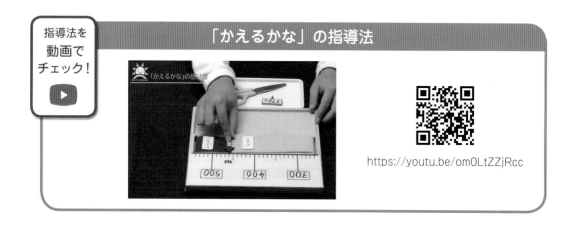

86

紙わざシリーズ

「かえるかな」の紙教材を作り、教えてみよう

型紙（P.131-132）を活用した教材の作り方とその指導法を動画で紹介します。

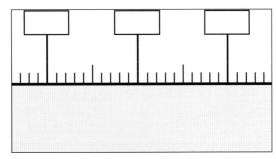

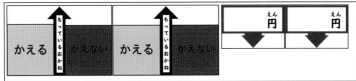

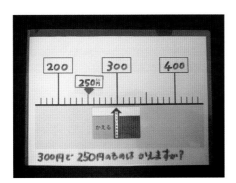

写真18　型紙を使った「かえるかな」の実践例

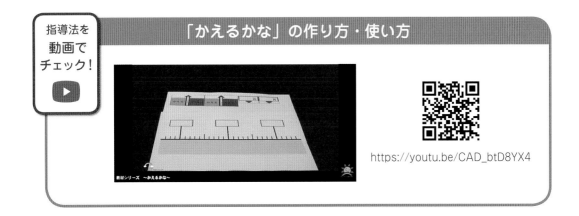

指導法を
動画で
チェック！

「かえるかな」の作り方・使い方

https://youtu.be/CAD_btD8YX4

2. 460円で370円のものを買ってみよう

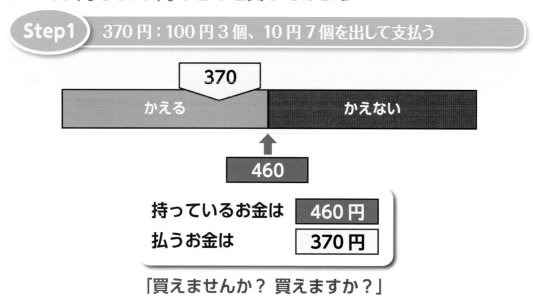

Step1 370円：100円3個、10円7個を出して支払う

| 370 |
| かえる | かえない |

460

| 持っているお金は | 460円 |
| 払うお金は | 370円 |

「買えませんか？ 買えますか？」

子どもはまず、400円から300円を出します。次に、60円から70円を出そうとしますが、出せません。しかし、前の学習で、買えることを学んでいるため、とまどいます。

そこで、次のように学習を組み立ててみます。

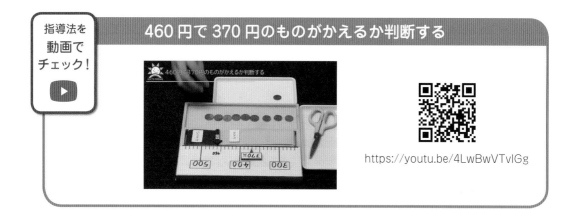

指導法を
動画で
チェック！

460円で370円のものがかえるか判断する

https://youtu.be/4LwBwVTvlGg

Step2　100円3個と10円16個から370円を出す

(1) 100円3個と10円16個から370円を出す

　財布に入っているのは100円3個と10円16個です。100円3個と10円7個を出します。

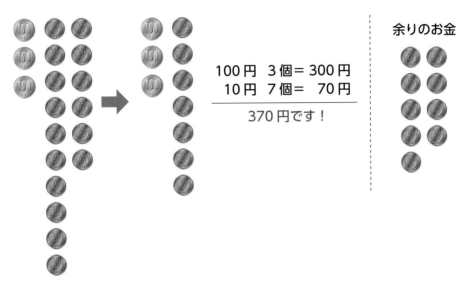

余りのお金

$$100円　3個 = 300円$$
$$10円　7個 = \ \ 70円$$

370円です！

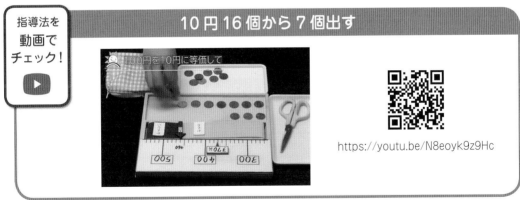

指導法を
動画で
チェック！
▶

10円16個から7個出す

https://youtu.be/N8eoyk9z9Hc

　100円3個と10円16個から、370円を出すことができるようになったら、等価の考えを使い、50円を使いながら、必要額を出すこともできるようにしていきます。

(2) 100円3個と50円2個と10円6個から370円を出す

　100円3個と50円2個、10円6個から100円3個と50円と10円2個を出します。

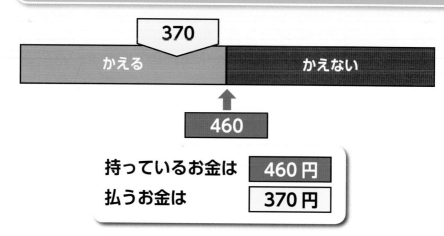

370

| かえる | かえない |

460

持っているお金は **460 円**
払うお金は **370 円**

「買えませんか？ 買えますか？」

余りのお金

100 円　3 個 = 300 円
50 円　1 個 = 　50 円
10 円　2 個 = 　20 円
───────────
370 円です！

指導法を
動画で
チェック！
▶

50 円と組み合わせて

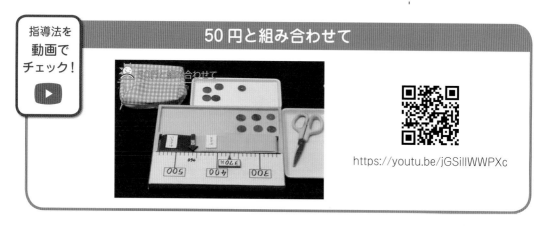

https://youtu.be/jGSillWWPXc

(3) 400 円で 370 円のものが買えますか

　460 円で 370 円のものを買う学習を行います。

　「かえるかな」の教材の矢印を一つずつ動かしながら、子どもに問いかけていきます。

① 460 円で 370 円のものが買えませんか？ 買えますか？
② 450 円で 370 円のものが買えませんか？ 買えますか？
③ 440 円で 370 円のものが買えませんか？ 買えますか？
④ 430 円で 370 円のものが買えませんか？ 買えますか？
⑤ 420 円で 370 円のものが買えませんか？ 買えますか？
⑥ 410 円で 370 円のものが買えませんか？ 買えますか？
⑦ 400 円で 370 円のものが買えませんか？ 買えますか？
400 円で買えます。

　今、300 円出しています。ここで 100 円を 1 個出します。400 円で買うことができるので、60 円は財布に戻します。

　もう一度聞きます。400 円で 370 円のものが買えませんか？ 買えますか？　→　子ども「買えます」

Step4　370 円：100 円 4 個、10 円 6 個から　400 円を出しても買える。使わないお金は、財布に片付ける

370

| かえる | かえない |

460

持っているお金は　460 円
払うお金は　　　　370 円

「買えませんか？ 買えますか？」

指導法を
動画で
チェック！

400 円でかえるかな

https://youtu.be/TRTdWg59rGs

VII おつりの理解

1. おつりの概念

お金の学習で、難しいのはおつりの概念です。おつりをもらうと、お金が増えた感覚になる子どももいます。しかし、おつりは増えるものでなく、商品より高い額面を支払ったときに、差額を返してもらうものです。ここを理解できることがおつりの学習になります。

2. おつりの指導例

おつりの学習を、460円で370円を支払ったことを例として説明します。

400円で370円のものを買うことができるので、400円を出します。でも、370円ちょうどでないので、いくらか返してもらいます。ここでは、10 in 1を使いながら、100円を10円10個に等価させて考えてみます。

あげる・もらうの関係を理解することが難しい子どもたちに、見える形での教材で教えてみました。

考え方は同じでも、障害の特性に応じて、教材を工夫しながら、子どもがハッとわかった表情に出会える指導を心がけてください。

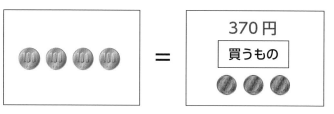

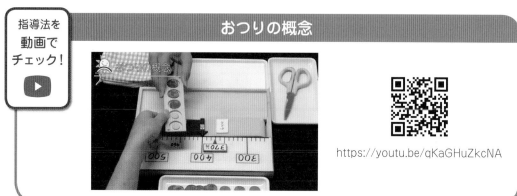

指導法を動画でチェック！

おつりの概念

https://youtu.be/qKaGHuZkcNA

3. まとめ

　お金の学習のレデイネスとして、金種を弁別する力、順序がわかること、大きさがわかること、金種により量が異なることがわかること、10のかたまり、5のかたまりがわかることがあります。しかし、お金を題材として、金種弁別を行ったり、ドッツやものを使っても10のかたまりが理解しにくい場合、10円を持ってきて、1円が10で10円であることを活用しながら教えることがあります。それだけ、お金の学習にはたくさんの要素が含まれます。10までの数字が並べられ、読むことができ、数字の量だけ操作できれば、金額の価値が未学習であっても、数字の数だけお金を出すことはできます。しかし、おつりの学習は、金種ごとの量が理解できていないと難しいと考えます。

　数の概念のどこまでを理解できているのか、きちんと評価する必要があり、お金の学習の何ができるかを判断しながら進めることが大切であると考えます。

付 録

教　材

〜「紙わざシリーズ」より〜

第 1 章、第 2 章で紹介した「紙わざシリーズ」の教材の型紙の縮小版です。型紙は A4 判で使用しますので、「虹とおひさま」のホームページから PDF をダウンロードして、印刷してご利用ください。

虹とおひさま　https://nijitoohisama.com/money-pattern/

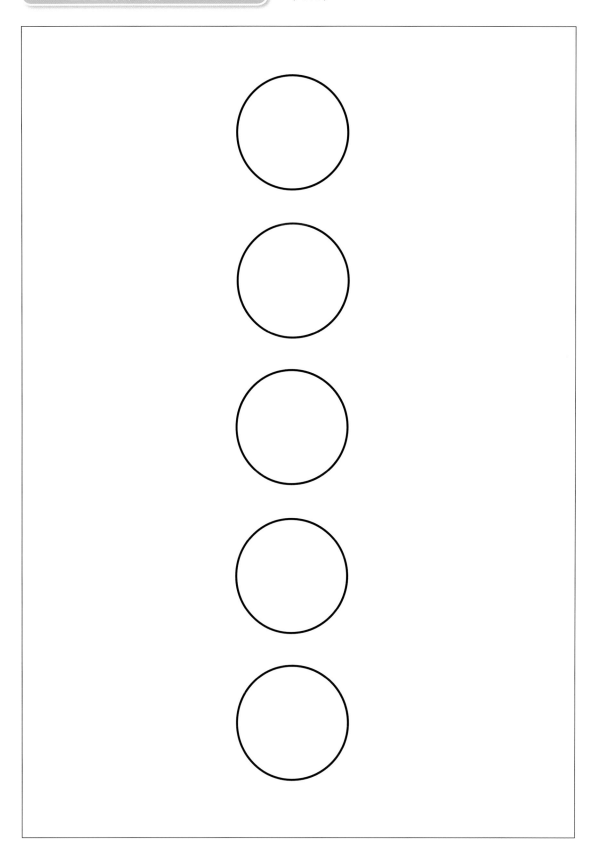

3. 10（テン）まで

(P.25)

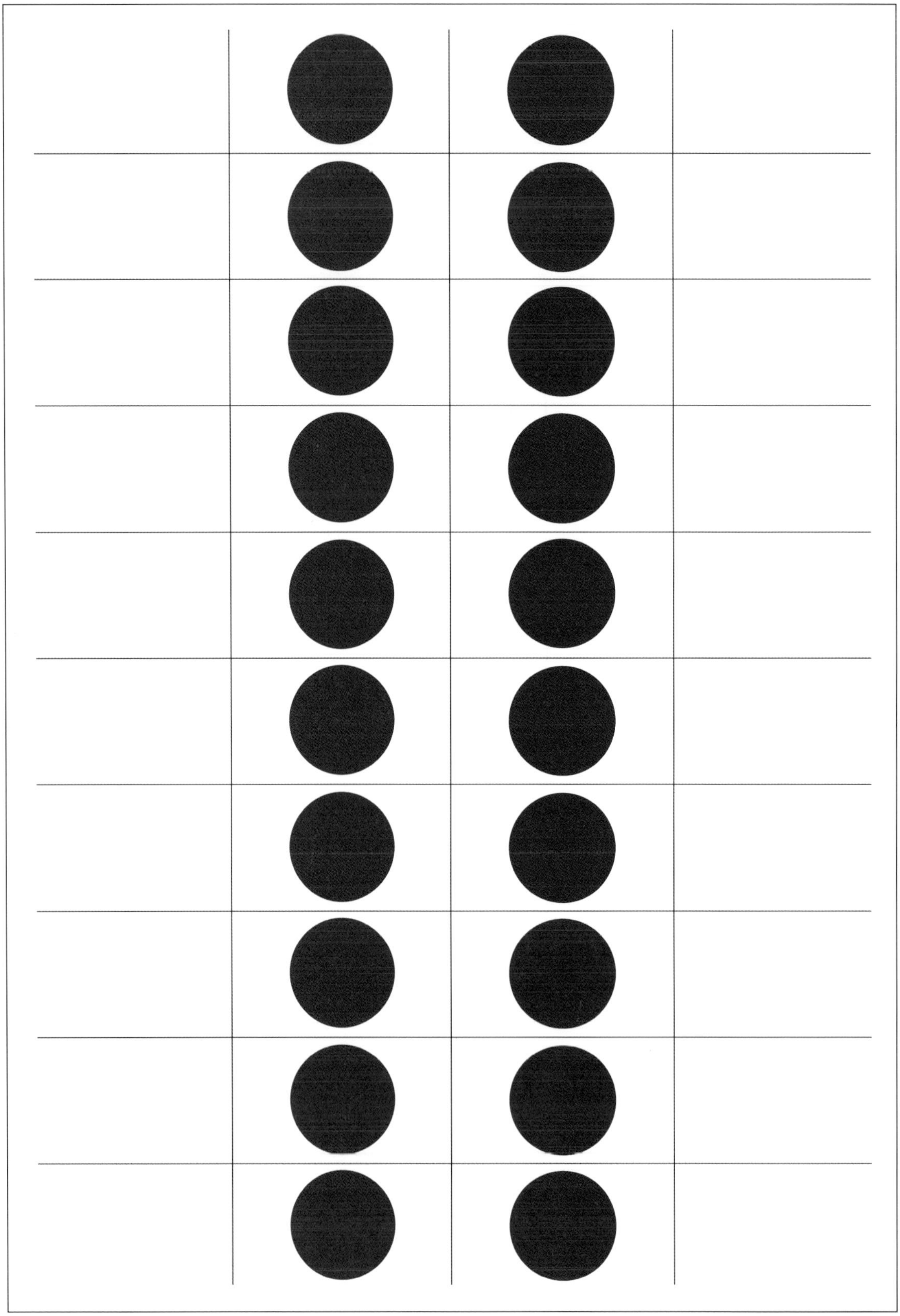

谷　折　り

のりしろ②

谷　折　り

のりしろ①

4. でるでる10（テン）②

(P.26)

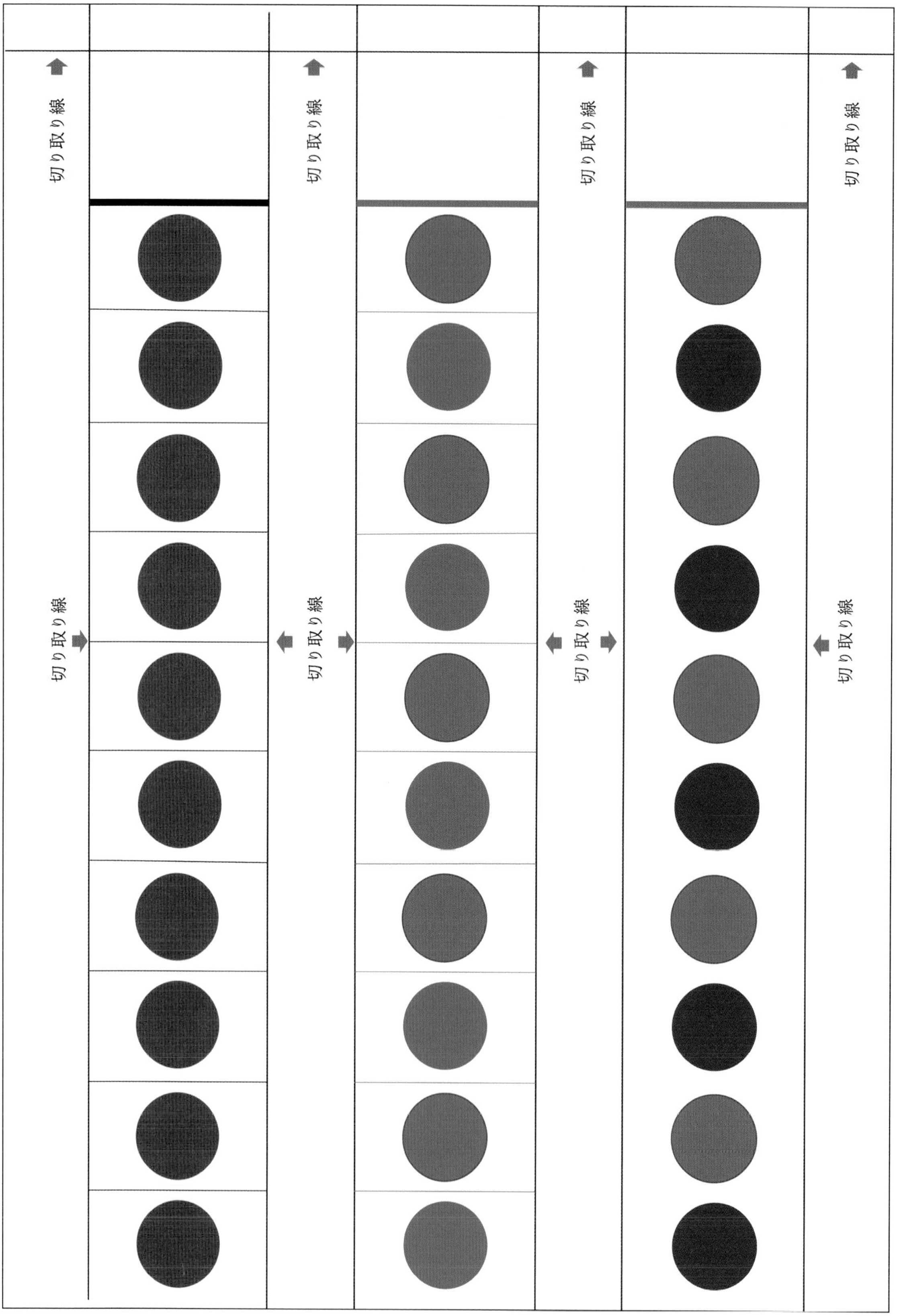

0 0 0 0

1 1 1 1

2 2 2 2

3	3	3	3
4	4	4	4
5	5	5	5
6	6	6	6

7	7	7	7
8	8	8	8
9	9	9	9

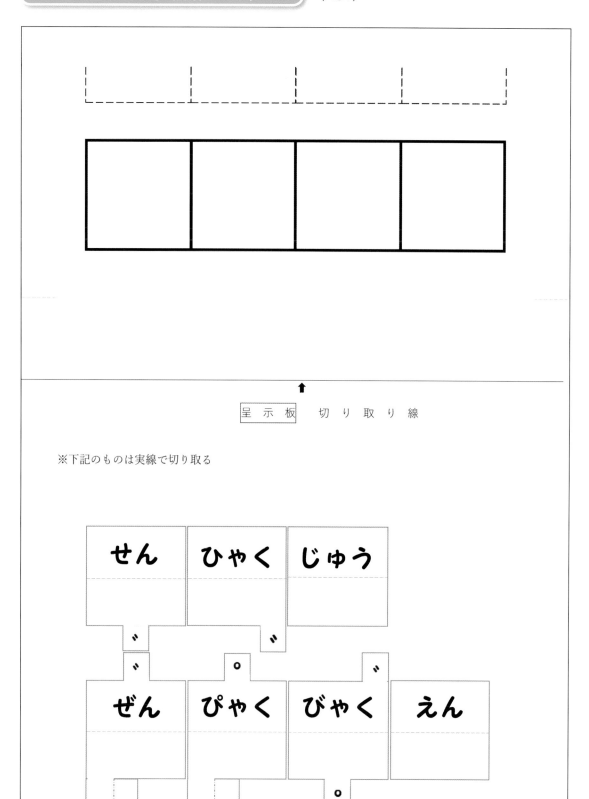

呈示板　切り取り線

※下記のものは実線で切り取る

せん　ひゃく　じゅう

ぜん　ぴゃく　びゃく　えん

500		5000		
400	900	4000	9000	
300	800	3000	8000	
200	700	2000	7000	
100	600	1000	6000	

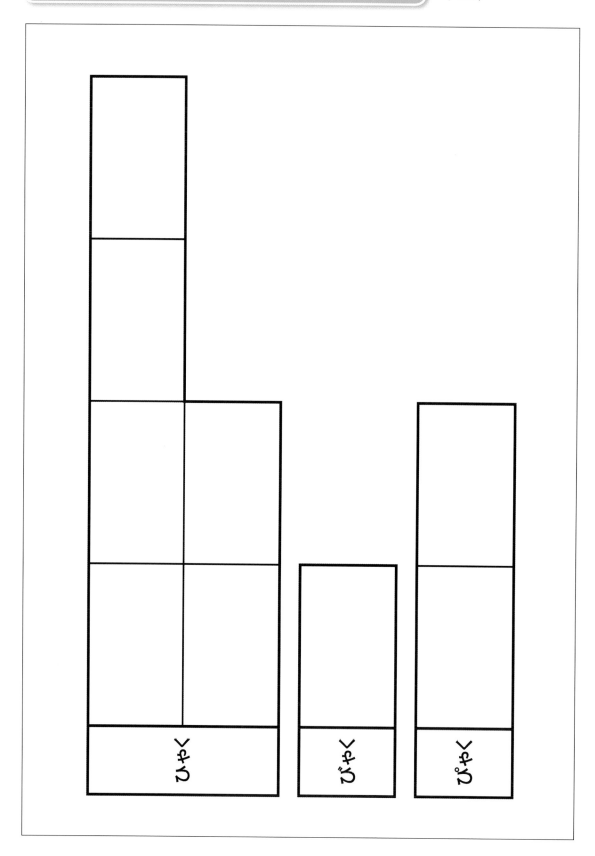

よむ

よむ

よむ

	せん

| |
| せん |

せん	せん

のりしろ

1000	1000	1000
1000	1000	1000
1000	1000	1000
1000	5000	5000

切り取り線　↓

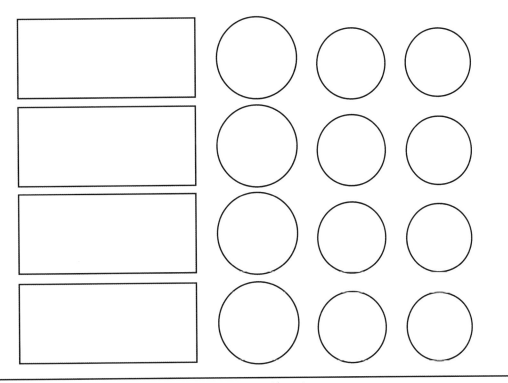

切り取り線　↑

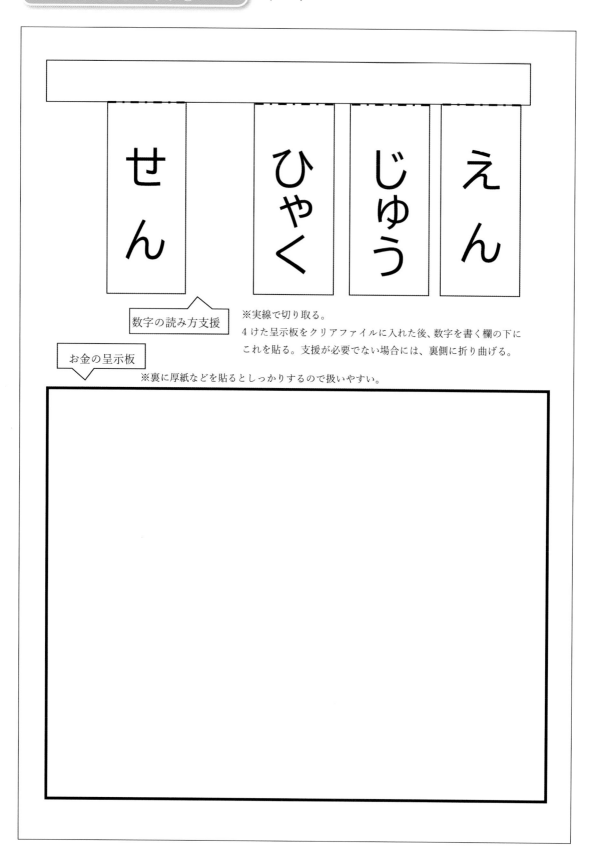

せん

ひゃく

じゅう

えん

数字の読み方支援

お金の呈示板

※実線で切り取る。

４けた呈示板をクリアファイルに入れた後、数字を書く欄の下に
これを貼る。支援が必要でない場合には、裏側に折り曲げる。

※裏に厚紙などを貼るとしっかりするので扱いやすい。

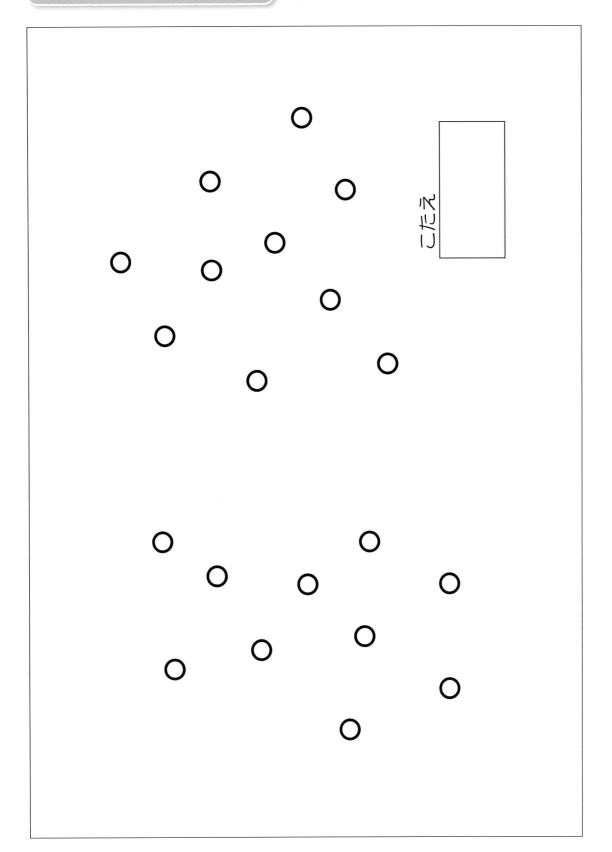

こたえ

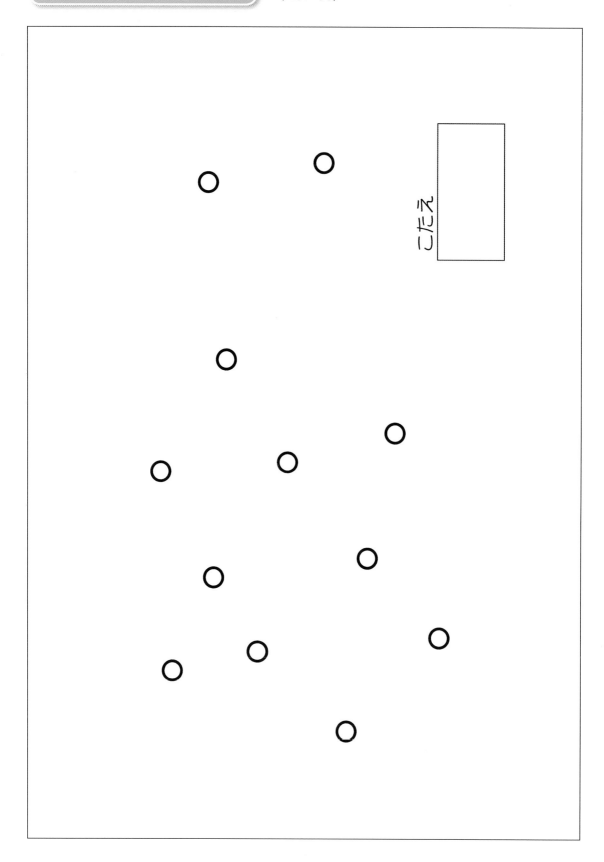

こたえ

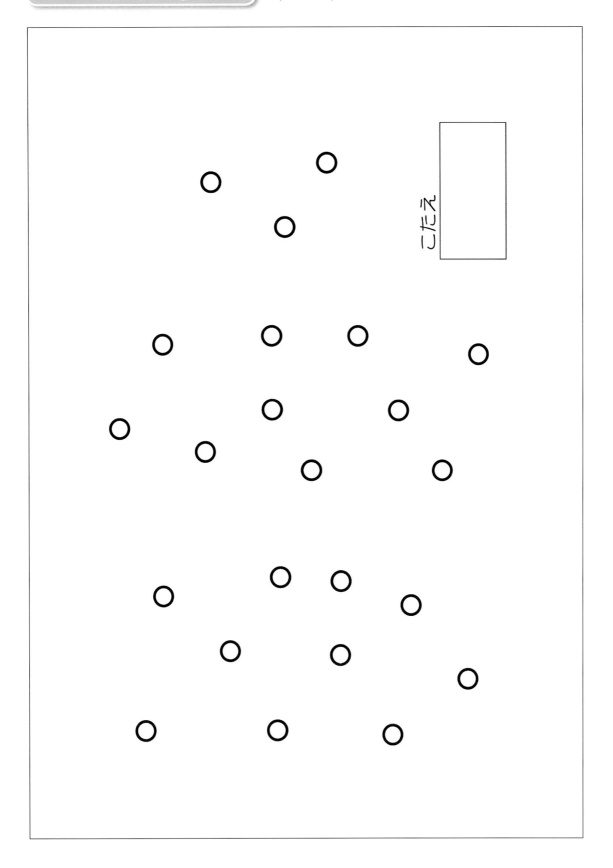

こたえ

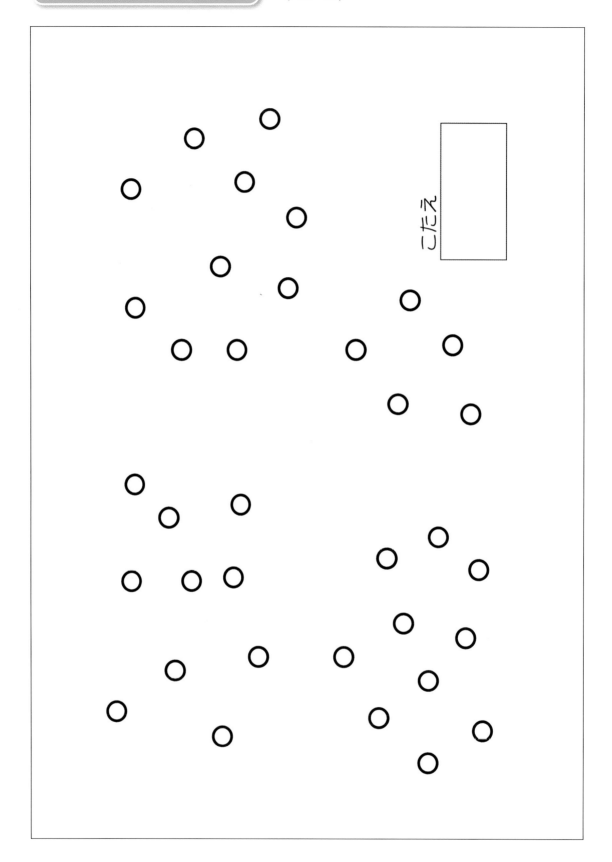

こたえ

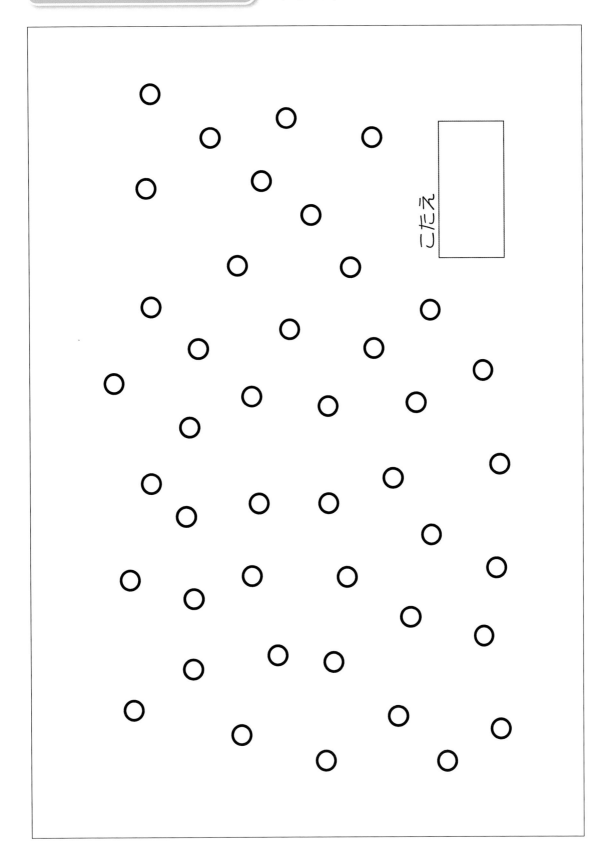

こたえ

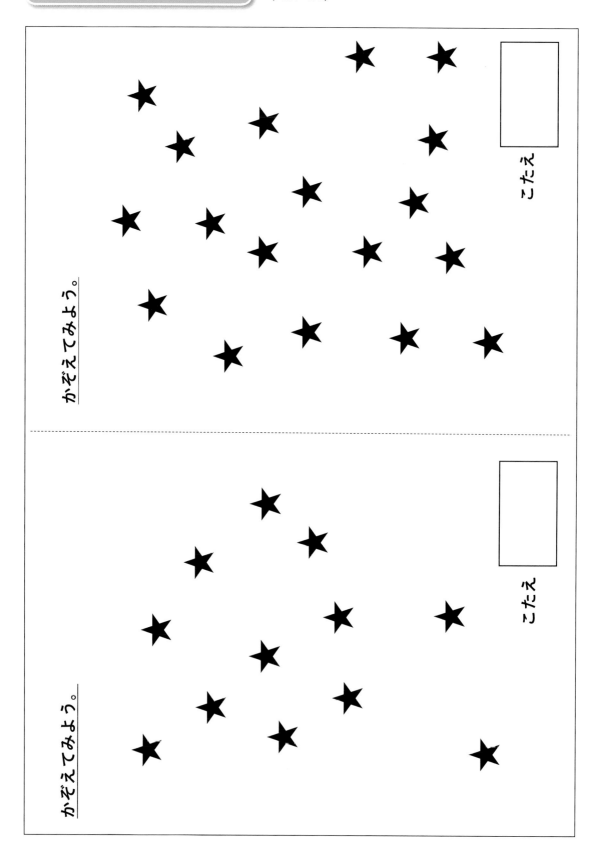

かぞえてみよう。

こたえ

かぞえてみよう。

こたえ

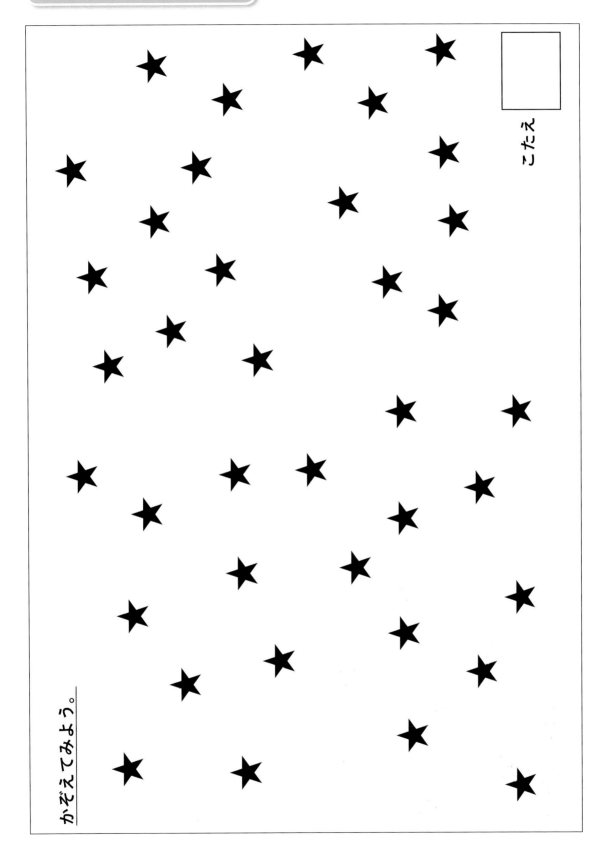

こたえ

かぞえてみよう。

かぞえてみよう。

こたえ

かぞえてみよう。

こたえ

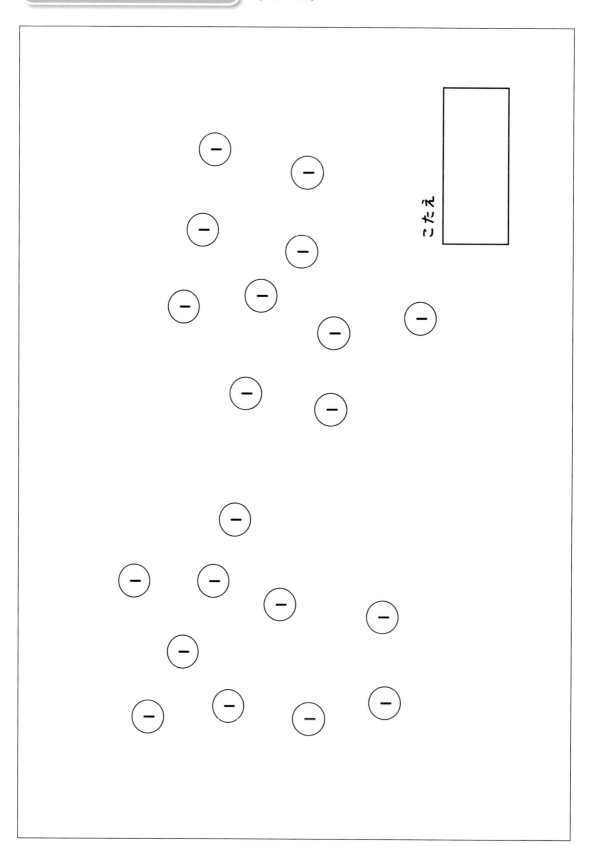

こたえ

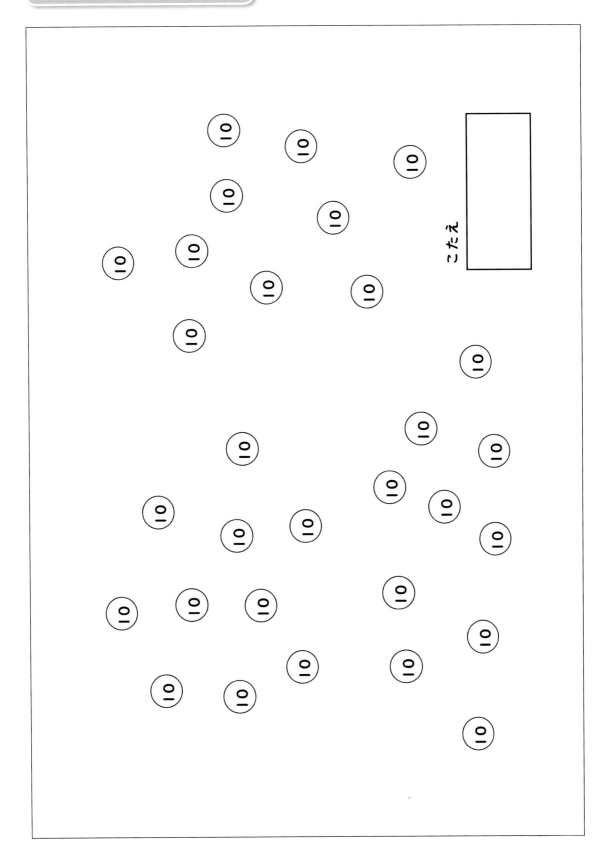

こたえ

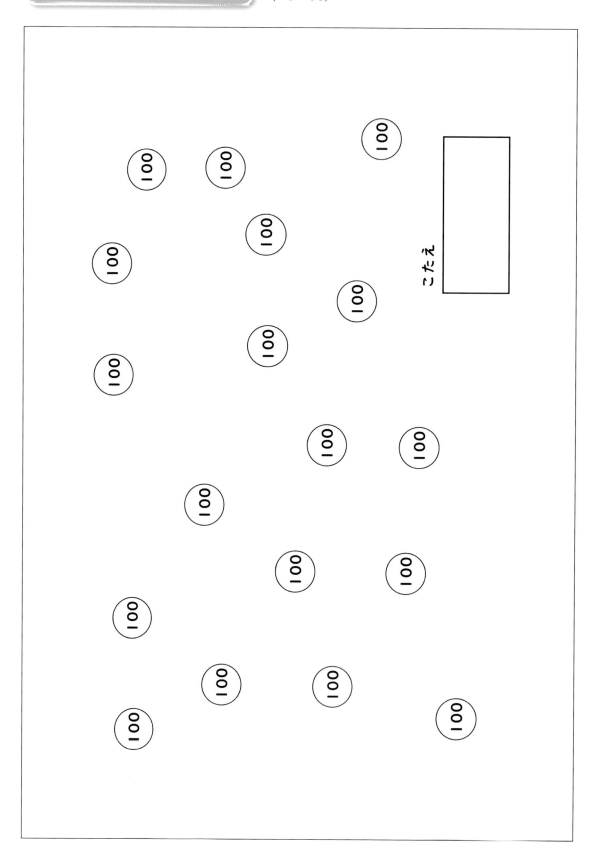

こたえ

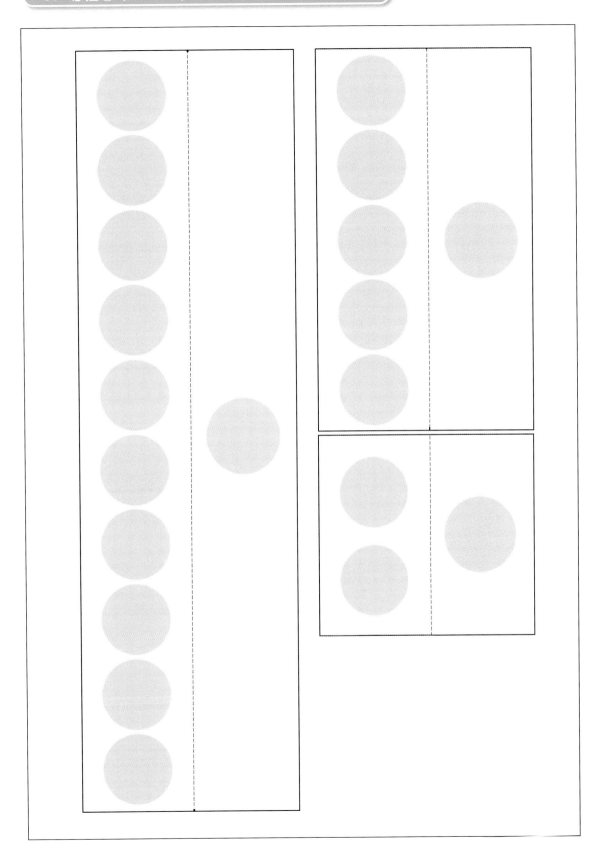

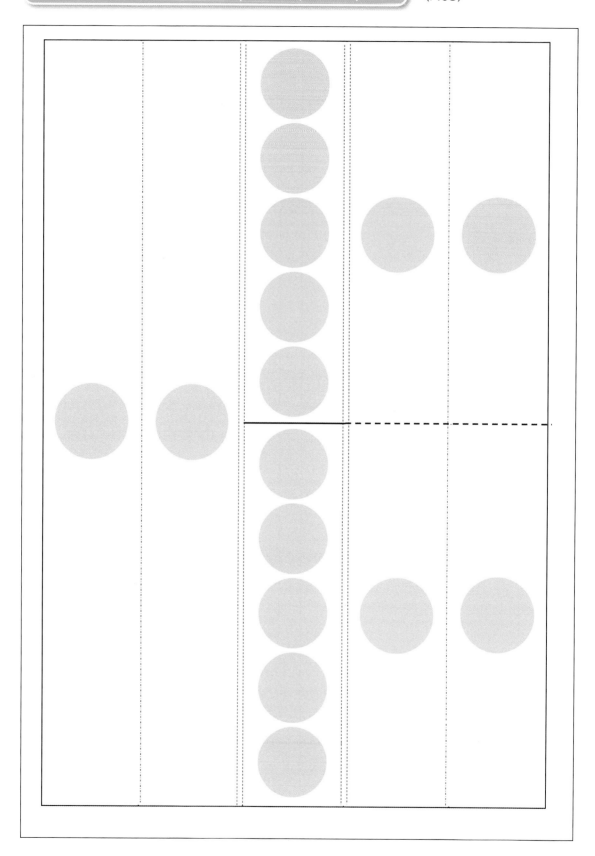

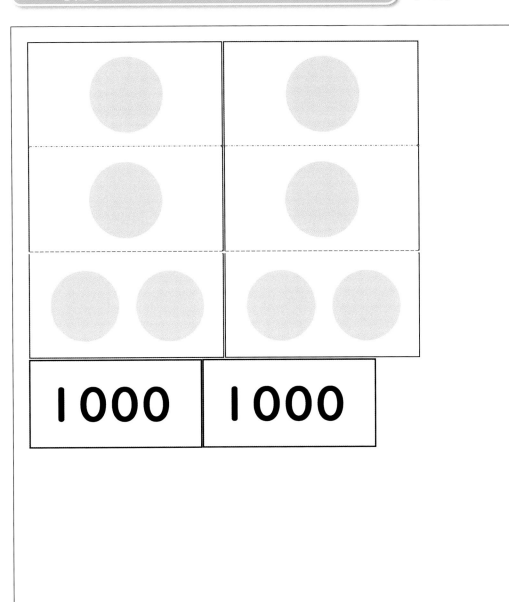

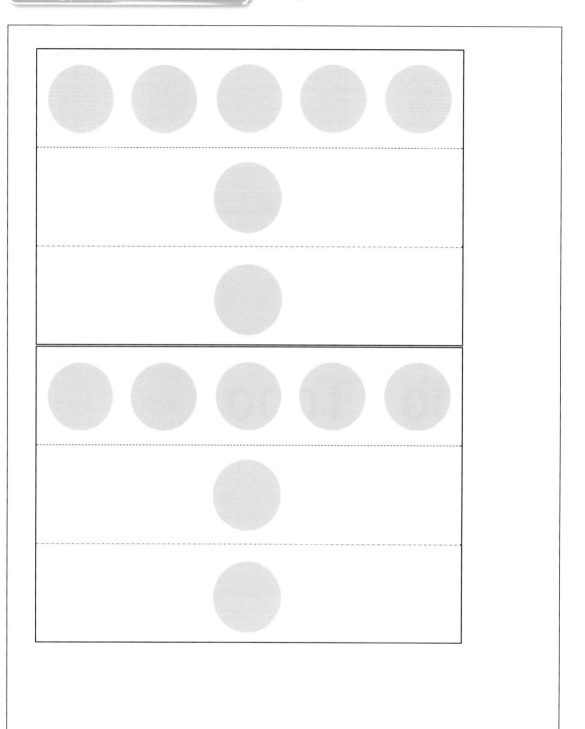

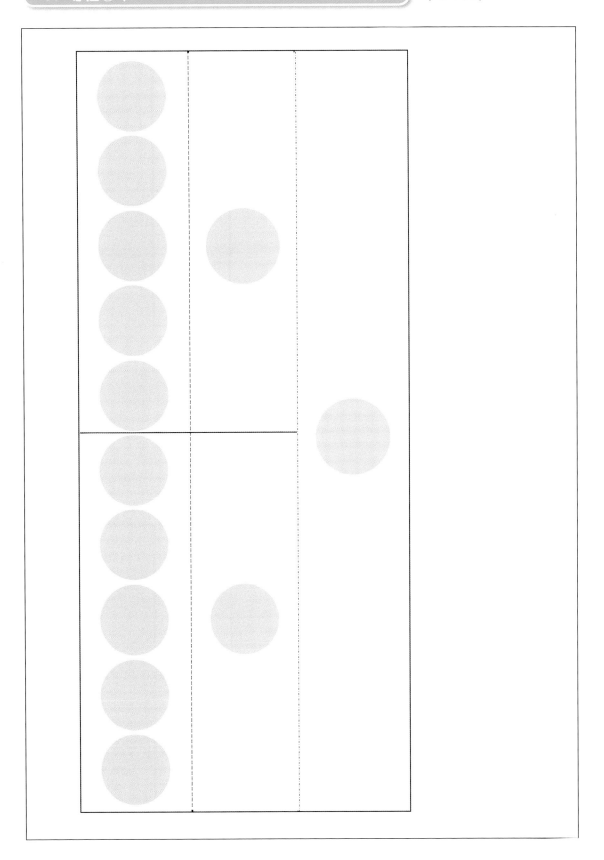

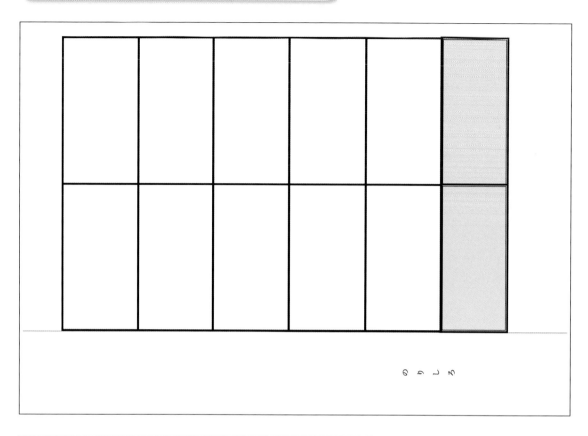

切り取り線

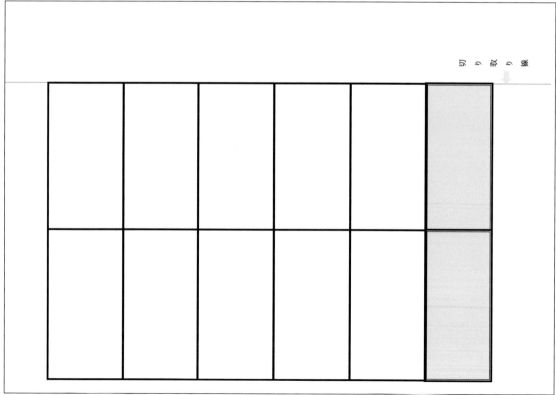

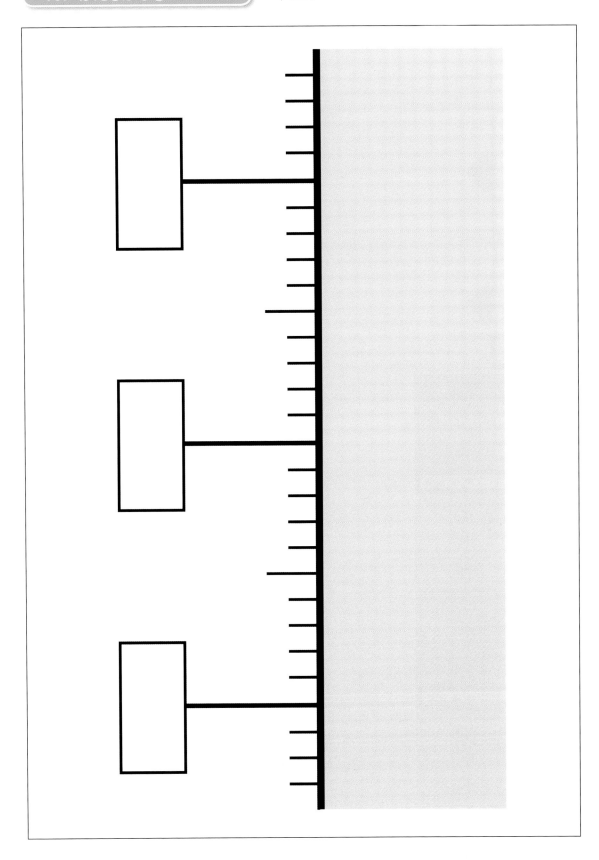

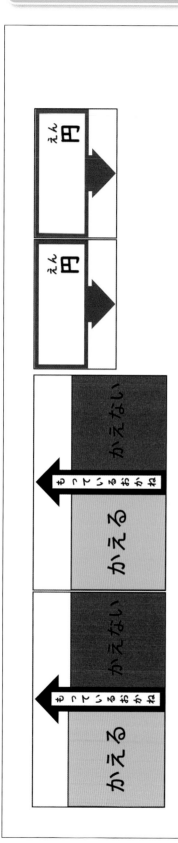

【参考文献・参考サイト】

麻柄啓一（1998）算数文章題解決の困難さ．千葉大学教育実践研究, 5,11-12

石田淳一・多鹿秀継（1993）算数文章題解決における下位過程の分析．科学教育研究, 17,18-2

井上哲郎（2002）特異的学習困難児を対象とした算数文章題解決場面における学習支援．発達支援研究, 3,19-24

岡本ゆかり（1995）低学年の文章題．吉田甫・多鹿秀継（編）認知心理学からみた数の理解．北大路書房, 83-101

川間健之介（2009）算数文章題に困難を示す児童の指導－基礎的加減算文章題の類型に基づいて．障害科学研究, 33,237-248

川間健之介（2009）数の指導．日本肢体不自由教育研究会（監修）肢体不自由教育シリーズ4 専門性向上につなげる授業の評価・改善．慶應義塾大学出版会, 185-201

栗山和広（1998）子どもの数概念の発達について．宮崎女了短期大学紀要, 24,81-96

坂本美紀（1997）コンピュータ提示による文章題のつまずきの解明．教育心理学研究, 45,87-95

多鹿秀継（1995）高学年の文章題．吉田甫・多鹿秀継（編）認知心理学からみた数の理解．北大路書房, 103-119

中尾和人（2010）無料教材工房"なかお"
　　http://www1.kcn.ne.jp/~nakao/menu.html（2018年12月5日参照）

中沢和子（1981）幼児の数と量の教育．国土社

中山修一・高山佳子（2004）算数文章題のつまずきとその指導について－文献及び事例を対象とした研究－．横浜国立大学教育人間科学部紀要1 教育科学, 6,163-177

塗師斌（1988）加減の文章題における児童の理解とつまずき．横浜国立大学教育紀要, 28, 1-19

藤原鴻一郎監修（1995）段階式発達に遅れがある子どもの算数・数学．学習研究社

宮城武久（2011）障害がある子どもの考える力を育てる基礎学習．学研教育出版

宮城武久（2015）障害がある子どもの数の基礎学習．学研プラス

Briars,D. & Siegler,R.S.（1984）A featural analysis of preschoolers counting knowledge. Developmental Psychology, 20, 607-618.

Case,R., Kurland,M., & Dancman,M.（1979）Operational efficiency and the growth of M-space. Paper presented at the Biennial Meeting of the Society for Research in Child Development, San Francisco, March.

Fuson,K.C., Richards,J., & Briars,D.J.（1982）The acquisition and elaboration of the number word sequence. In C.Brainerd(ed.) Children's logical and mathematical cognition: Progress in cognitive developmental research. Vol.1. New York: Springer-Verlag.33-92.

Fuson,K.C.（1988）Children's counting and concepts of number. New York: Springer-Verlag.

Gelman,R. & Gallistel,C.R.（1978）The child's understanding of number. Cambridge, MA：Harvard Univ Press.

Hudson,T.（1983）Correspondences and numerical difference between disjoint sets. Child Development, 54, 84-90.

Lewis,A.B. & Mayer,R.E.（1987）Students' miscomprehension of relational statements in arithmetic word problems. Journal of educational psychology, 79,363-371.

Marshall,S.P.（1995）Schemas in Problem Solving. Cambridge University Press.

Mayer,R.E.（1992）Thinking, Problem Solving, Cognition, Second edition. NY: W. H. Freeman.

Mayer,R.E., Tajika,H., & Stanly,C.（1991）Mathematical solving in Japan and the United States: A controlled comparison. Journal of Educational Psychology, 83,69-72.

Riley,M.S., Greeno,J.G., & Heller,J.H.（1983）Development of children's problem-solving ability in arithmetic. In H.P.Ginsburg(ed.) The development of mathematical thinking. NY: Academic Press, 153-196.

●プロフィール●

川間 健之介（かわま けんのすけ）

岡山大学教育学部卒業。筑波大学大学院心身障害学研究科単位取得退学。

筑波大学心身障害学系助手、山口大学教育学部助教授を経て、現在、筑波大学人間系教授。この間、筑波大学附属桐が丘特別支援学校、同大塚特別支援学校の校長を務める。

専門は、肢体不自由教育、特別支援教育の教育課程・指導法。

主な著書『新版肢体不自由児の教育』（放送大学教育振興会）、『授業で生きる 知覚－運動学習～障害のある子どもの知覚や認知の発達を促す学習教材～』（ジアース教育新社）、『自立活動指導ハンドブック』（全国心身障害児福祉財団）など。

川間 弘子（かわま ひろこ）

筑波大学大学院教育研究科カウンセリング専攻リハビリテーションコース修了。言語聴覚士。

東京都新宿区立新宿養護学校教諭などを経て、1995年「つばき教育研究所山口分室」（現「認定NPO法人やまぐち発達臨床支援センター」）を主催。2000年より同センター理事長。このほか、山口大学教育学部非常勤講師、山口県立大学社会福祉学科非常勤講師なども務める。

長年にわたり、学習に困っている子どもたちや、教え方に困っている方のために、特別支援教育のノウハウを提供する活動を行っている。

主な著書『発達に遅れがある子どものための文字・文章の読み書き指導』（単著、ジアース教育新社）、『障害児指導のためのチームティーチング』（共著、明治図書）など。

奥 由香（おく ゆか）

長野大学産業社会学部社会福祉学科卒業。保育士。

児童養護施設、ヘルパー、市民センターなどで勤務の後、知的障害をもつ息子の自立を目指し、2004年に認定NPO法人やまぐち発達臨床支援センターに就職、現在に至る。

指導員として勤務する傍ら、子どもたちの「できた！わかった！」の笑顔に会いたくて、虹とおひさまの主任を兼務。教材教具の企画・考案・作製に携わっている。

学習内容	おすすめ教材	使い方・特長	仕様・価格

step1・2

A タイプ　1000まで数えよう

おすすめ教材：かぞえよう（2ケタ・3ケタ・4ケタ）／よみわけようセット

使い方・特長：**数字が読めはじめたら 読み分けに挑戦しよう！**

① お金の読み方が色々あるね
② 指導手順が動画で学べる

学習できる内容（かぞえよう）
「かぞえよう」では、テンポよく数字を読む学習ができ、「よみわけよう」で、「じゃく」「ひゃく」などと読みがわかりやすくなり、お子様の指導に合わせて数の読み分けができるように指導手順動画で確認できます。

仕様・価格
かぞえよう（2ケタ・3ケタ・4ケタ）　各3,300円（税込）
セット内容
・本体（かぞえよう）　・プリント教材　・指導動画（QRコード）

よみわけようセット　11,000円（税込）
セット内容
・本体（よみわけよう）　・簡易展示板完成（QRコード）　・プリント教材※　・指導動画（数字カード※）
※指導動画とプリントは同じ内容です

B タイプ　色々なお金があるね

おすすめ教材：ならべよう4ケタセット

使い方・特長：**ホントのお金を使うから 金種の弁別 がわかりやすい**

① お金を書いていくらかな
② 指導手順が動画で学べる

学習できる内容
実際の硬貨を使うことで金額の弁別も理解できます。学習手順になっています。金種ごとに、色々なお金を指定の場所に置き金額ごとにお金を入れて数を書きこめる金額がわかりやすくなっています。

仕様・価格
ならべよう4ケタセット　7,700円（税込）
セット内容
・本体（ならべよう 4ケタ）　・お札セット（5,000円×1枚・1,000円×10枚）　・プリント教材※　・指導動画（QRコード）※3
※2 1よみわけようセットと1ならべよう4ケタセットの指導動画とプリントは同じ内容です

step3・4

C タイプ　等価って何だろう

おすすめ教材：ならべよう等価セット／ならべよう等価（10in1）

使い方・特長：**5円・50円・500円硬貨の 使い方 や 等価 を知ろう！**

① 50円2個と100円は同じ
② 指導手順が動画で学べる

学習できる内容（2in1）
スポンジが浮いてくるから取り出しやすい！

学習できる内容（2in1）
5円と5円で10円（2in1）や、1円10個で10円（10in1）などの学習を各種の金種を組み合わせて、必要なこともできます。

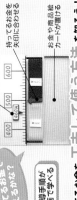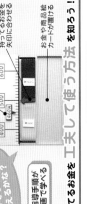

仕様・価格
ならべよう等価　12,100円（税込）
セット内容
・本体（ならべよう等価）　・お札セット（1/2お札セット、1,000円×1枚・1,000円×5枚）　・プリント教材※3　・指導動画（QRコード）※3
※2 1（1,000円プリント1枚付属します。1個2,970円単品販売できます）※3

ならべよう等価 10 in 1　11,000円（税込）
セット内容
・本体（ならべよう等価10in1）　・1,000円のカード3枚　・プリント教材※　・指導動画（QRコード）※指導動画とプリントは同じ内容です

step5

D タイプ　お買い物できるかな

おすすめ教材：かえるおかね

使い方・特長：**持ってるお金を エまく使う方法 を知ろう！**

① 持ってるお金で買えるかな
② 指導手順が動画で学べる

学習できる内容
「買い取りの学習で、「買えない」「買えない」を目視で確認しながら学習できます。金額でもよう、どの金額がない場合は、実際のお金をどれだけ出せ買い物をどのように買いものをする時に、必要な知識のお金を作ることもできます。

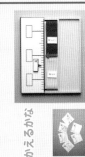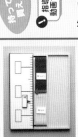

仕様・価格
かえるおかな　12,540円（税込）
セット内容
・本体（かえるおかな）　・商品絵カード6枚　・プリント教材　・指導動画（QRコード）

others

E タイプ　位取りを知ろう

おすすめ教材：あわせよう

使い方・特長：
位取りの学習で、10が100個でいくつなど、イラアルでいろいろなな学習にでていきたいくらいのかな？ いくつになるかな？

千　百　十　一
1　2　3　4

これを入れると
1　0　0　0
2　0　0
3　0
4

学習できる内容
位取りの学習で、10が100個でいくつなど、イラアルでいろいろととにも色が違うので、大きな位が違うとか色になっているかわかりやすい設計になっています。

仕様・価格
あわせよう　5,500円（税込）
セット内容
・本体（あわせよう）　・数字プレート

詳細等は、虹とおひさまのホームページ https://nijitoohisama.com/ をご覧下さい。

※本書で紹介している教材の製品は、すべて「虹とおひさま」の商品です。
　虹とおひさまホームページ　https://nijitoohisama.shop-pro.jp/

■教材製作協力：重田木型
■動画編集協力：YIC 情報ビジネス専門学校情報ビジネス科
　　　　　　　（指導動画の編集は、山口県中小企業家同友会の会員企業と学校の
　　　　　　　連携事業のもと、同校にご協力いただきました）
■教材製作動画：株式会社 タスクエリート　古江 宏司

発達に遅れがある子どものための
お金の学習

2022 年 6 月 23 日　初版第 1 刷発行

■　著　　　川間 健之介・川間 弘子・奥 由香
■発 行 人　加藤 勝博
■発 行 所　株式会社 ジアース教育新社
　　　　　　〒 101-0054　東京都千代田区神田錦町 1-23　宗保第 2 ビル
　　　　　　TEL：03-5282-7183　FAX：03-5282-7892
　　　　　　E-mail：info@kyoikushinsha.co.jp
　　　　　　URL：https://www.kyoikushinsha.co.jp/

■表紙デザイン　　小林 峰子（アトリエ・ポケット）
■表紙イラスト　　伊藤 美和
■本文デザイン・DTP　　土屋図形 株式会社
■印刷・製本　　シナノ印刷 株式会社
Printed in Japan
ISBN978-4-06371-632-2
定価は表紙に表示してあります。
乱丁・落丁はお取り替えいたします。（禁無断転載）